[英] 约翰·阿代尔 ——
（John Adair）

鲍婕 —— 译

高效激励

让每个人都有
高光时刻

著

浙江人民出版社

图书在版编目（CIP）数据

高效激励：让每个人都有高光时刻 ／（英）约翰·阿
代尔著；鲍婕译． —杭州：浙江人民出版社，2022.10
　　ISBN 978-7-213-10693-4

　　Ⅰ．①高… 　Ⅱ．①约… ②鲍… 　Ⅲ．①企业管
理-人事管理-激励 　Ⅳ．①F272.92

中国版本图书馆CIP数据核字（2022）第131998号

浙 江 省 版 权 局
著作权合同登记章
图字：11-2020-070

First published 2016 by Macmillan an imprint of Pan Macmillan,

a division of Macmillan Publishers International Limited

高效激励　让每个人都有高光时刻
Gaoxiao Jili: Rang Mei Ge Ren Dou You Gaoguang Shike
［英］约翰·阿代尔　著　鲍　婕　译

出版发行：浙江人民出版社（杭州市体育场路347号　邮编　310006）
　　　　　市场部电话：(0571)85061682　85176516
责任编辑：尚　婧
营销编辑：陈雯怡　陈芊如
责任校对：戴文英
责任印务：刘彭年
封面设计：济南新艺书文化
电脑制版：杭州兴邦电子印务有限公司
印　　刷：杭州钱江彩色印刷有限公司
开　　本：710毫米×1000毫米　1/16　　印　张：12.5
字　　数：154千字　　　　　　　　　　　插　页：2
版　　次：2022年10月第1版　　　　　　印　次：2022年10月第1次印刷
书　　号：ISBN 978-7-213-10693-4
定　　价：58.00元

如发现印装质量问题，影响阅读，请与市场部联系调换。

约翰·阿代尔
John Adair

国际公认的领导学权威

约翰·阿代尔是世界上关于领导力和领导力发展的领军权威之一，被誉为"欧洲的彼得·德鲁克"。

约翰为巴克莱银行、劳埃德TSB银行、英美烟草公司、杜邦公司、英国皇家空军、英国奥林匹克委员会等机构提供管理咨询服务，他是许多企业、政府部门、非政府组织的管理顾问。全球超过100万名经理人参与了他倡导的以行动为主的领导模式（Action-Centred Leadership）项目，他的理念和方法启发和激励了整整一代的管理者。

约翰出版过50多部著作，其中包括畅销书《不是老板而是领导者》（*Not Bosses But Leaders*）、《约翰·阿代尔领导力词典》（*The John Adair Lexicon of Leadership*）、《鼓舞人心的领导》（*The Inspirational Leader*）、《如何培养领导者》（*How to Grow Leaders*）以及EFFECTIVE系列等。

谨以此书献给我亲爱的儿子

詹姆斯·阿代尔

"人人都有高光时刻。"

——欧内斯特·迪姆内特（Ernest Dimnet）

"给我火，我就给你光。"

——阿拉伯谚语

目录

CONTENTS

EFFECTIVE MOTIVATION

前言

感谢购买这本全新修订的《高效激励：让每个人都有高光时刻》。本书已被广大读者认定为相关话题的经典书。因此，我不胜欣喜。引用本书中的话，希望本书可以继续为那些"渴望成为好领导并且永远要做好领导"的人们提供帮助。

一个好的领导首先要确保他/她的团队不会因为缺乏沟通这样的外部因素而丧失士气。他们需要在工作中建立早期理论家所说的"内在激励"。在本书接下来的章节中，我们会一起探讨这个问题。要让工作变得有趣：尽管有时我们在工作中可能举步维艰，但是这种艰难何尝不是一种挑战，能激发你的兴趣和想象力。

一个始终如一的好领导会激发员工内在的自信，让他们做最好的自己。你也许曾经也被这样激励过，现在轮到你来激励别人了。记住，正如约翰·布肯（John Buchun）曾写道："领导的任务不是赋予伟大，而是激发伟大，因为伟大早已存在。"

约翰·阿代尔

导论

EFFECTIVE MOTIVATION

INTRODUCTION

　　本书旨在帮助作为领导的你成为一名更有效的激励者。在这个大的主题之下，有三个更具体的目标，这些目标的设定指导你顺应人性而为，而非逆之而行。你需要关注的焦点就是和你共事的人，你团队的成员。但是本书中讲到的原则并不仅仅适用于与你共事的人，有一些原则可以用来处理你和供货商以及客户的关系，还有一些原则是你在从事社区公益活动或者与家人相处的时候可以使用的。

　　你是否激励过你的孩子？

　　你如何才能提升自己鼓励、启发别人的能力？

　　◎ 你需要了解在工作中哪些事情能激励自己和别人。你注意到，我把"自己"放在首位。之所以这样做，是因为我们要推己及人。如小说家约翰·斯坦贝克（John Steinbeck）所说："没有人能真正理解别人，你能做的就是假设别人和自己一样。如果你能清楚了解什么能够激励你，你就可以更好地理解什么能够激励别人。"

　　◎ 你需要了解广义维度和个人维度的激励。我简单地解释一下。在这本书中，你会了解到很多关于人的一些概述。这些对你很有帮助。但是这并不是故事的全部。想想自己，你是多么的复杂和独特啊。要从威逼利诱抑或是软硬兼施的层面跳出来，用更好的方法去激励别人，而这就意味着你要深刻了解他/她作为一个人的方方面面。

◎ 你需要发展你作为领导的技能。作为一名管理者，你就是领导，而领导力就包括激励和启发别人的能力。你如何施展这种能力？你的位置和你的知识很重要，而你作为一名领导，在做事时兼顾考虑"三环模型"中的任务、团队和个人，也是至关重要的。像幸福感这样的高阶激励，往往是高效领导力下完成某件事情的副产品。因此，领导力和激励之间有很大的重合。

▪ 本书布局

本书按照三个目标有逻辑地展开叙述，虽分为三个部分，但是三个部分主题之间有所重叠。

第一部分主要介绍经典管理学说中关于人类动机的理论研究。因此，至少从大纲上看，有一些是你已经熟悉的。我的贡献主要在两方面：首先，我尽力通过解析，让这些理论更加易于理解；第二，在每章节的结论中，我会列出这章节内容对管理者的现实意义。

第二部分旨在架起理论与实践之间的桥梁，将第一部分讲到的作为理论基础的人性哲学转化为第三部分更加具体的创建高度激励团队的策略。首先，利用"三环模型"的强大整合力，第一部分的内容被整合，可以为你所用；然后，充分探究你作为一名企业领导者的角色内涵。

第三部分包括7条实际策略——高效激励的主要实现渠道。这7条策略放在一起，可以回答你的问题：我如何激励员工做最好的自己？当然，这些原理不仅仅适用于你对企业的管理，也同样适用于你自己。你无须等待你所在的企业发生改变，你需要先按照这些原理规范自己的行为。因为在企业里，和在其他地方一样，如果你不是解决方案的一部分，你就是问题的一部分。

如何使用这本书

你无须按照顺序从头读至末尾。你可能希望先看第三部分的实际策略，然后再回到第一部分，对这些策略追根溯源。同样的，你也可能希望从第一部分的普遍原理和概念读起，然后过渡到第二部分所推荐的具体实际的步骤。选择最适合自己的方式阅读。

你也许已经浏览过全书。如果是这样的话，你会注意到第三部分的每个章节中都包含一个检查清单。这些清单中的问题主要是为了帮助你将所学所知应用到你的实践中去。在你第二次阅读此书时，你可能会发现完成这些清单对你大有裨益。如果你能在三个月之后依据此书对自己的进步做一个评估，这些清单可以帮助你回顾复习。还有一种使用本书的方法：你可以先将第三部分每个章节后面的清单完成，然后重点关注你得分较低的方面。

为了不让你在第一次快速阅读时受到不必要的阻碍，我在正文中的方框里附上了一些补充材料——相关研究和其他解读。同样，你可以根据情况选择性阅读。即使你略去这些内容，也不会错过本书的任何一个主题。

第三部分每个章节后面的"关键点"旨在为你提供一个本章节的备忘录。为增加本书的趣味性，我偶尔在"关键点"中偷偷地加入一两条章节中没有的内容。

总的来说,本书的核心目的在于激发你对"激励"这个有趣主题的思考。希望本书可以引导你找出一些切实可行的方法来更好地激励自己和他人。

　　检验意愿的最好方式是行动。

——谚语

第一部分

了解激励

在任何领域，了解通常都是明智和有效行动的必要前提。如果了解放在行动之前，我们称之为"经验"。尤其在涉及人的行动时，提前了解尤其重要。有关动机和激励的理论以及研究并不能为你带来相关问题的确定答案，它们的作用在于激发你的思考。我对相关的理论和研究进行筛选，选出的这些恰恰能起到这个作用。

读完此部分并做出总结之后，你应该可以达成如下目标：

◉ 重构你对20世纪中叶有关美国在职人员的研究以及相关理论的认识。

◉ 将这些研究和理论应用于更广泛的、涉及人类交流的背景之下。

◉ 明确这些理论和研究对现代管理人员的主要现实意义。

01

什么是激励

　　你为什么想做某些事情？为什么有些人很排斥的工作，你却乐此不疲？也许回答这些难题的第一步就是探究"激励"的核心概念。

　　"激励""创新""交流"等长单词通常起源于拉丁语。"激励"（motivation）这个词派生于"动机"（motive）这个词；而"动机"这个词起源于拉丁语中的动词"movere"，表示"移动"。因此，"动机"的含义很好理解，就是"让你移动、行动"。

　　"动机"或者"激励"这样的词暗示着你在工作时有一股内驱力，驱动你前进。这股内驱力也许源于需求、欲望或者情绪，但不管怎样，它引导你行动并且是以某个特定的方式行动。

　　需要注意的是这些内在的冲动不管多么强烈，只有当它们能够激发你的意志力，让你采取行动时，才是有效的。强烈的意志会带来你做某事的决定。它意味着你下定决心要做某事，有意识地选择采取某个行动。你的动机会明显地体现在你的行为中。会有明确的迹象表明你有明显的、刻意的欲望或意图。

　　我们接下来用一个故事来说明"有动机"和"受动机驱使去行动"的区别。看看你能否找到故事中有嫌疑的凶手。

被谋杀的大亨

埃德温·盖廷斯（Edwin Gettings）是世界上最富有的人之一，某天凌晨，他被发现从停靠于那不勒斯湾的豪华游艇瑟琳娜号上摔下来死亡。而前一晚，他还与宾客们在甲板上开派对狂欢，派对结束后所有宾客们都醉醺醺地回到船舱。起初，人们认为这是一个意外。直到意大利验尸官在死者的血液中发现砷的痕迹，并宣布这是一起谋杀案。

那晚，船上有三个嫌疑人，每个人都有杀人动机。埃德温的儿子达蒙·盖廷斯（Damon Gettings）因为他的父亲拒绝为自己支付赌债而心生怨恨。埃德温的秘书莎伦（Sharon）和她的老板一直有婚外情。在前一晚埃德温拒绝与第四任太太离婚迎娶她之后，莎伦感到十分愤怒。埃德温的男仆罗伯特（Robert）曾被他的老板列入自己的遗嘱，在老板死后可以分得100万美元。然而，在前一天晚上，当罗伯特拒绝了老板的一名大客户的同性骚扰之后，老板威胁要将他从遗嘱受益人中移除。游艇的储藏室里有一个打开的盛有砷的容器，船上发现了几只被药死的老鼠。谁杀了埃德温·盖廷斯？

（请看第7页。）

在雇主招募员工时，往往会考察他们是否可能是动机较强的人，比如是否有精力和决心。之后，雇主会寻找机会发展或加强员工的动机。对欧洲主要商业组织的一项重要调查列出了这些企业在有关选择、培训和评估的文书工作中使用的所有词语，其中与激励相关的一些术语如下表所示。通过这些，你可以对当今管理者常使用的术语有所了解。

激励的一些近义词[1]

术　语	相关品质
工作方法	经　历
工作方向	内驱力
投　入	韧　性
意　愿	决　心
奉　献	意志力
和人员及组织的一致性	目的性
承　诺	工作兴趣

你的"意志力"在你的需要或欲望与你可能的行动之间起重要指挥作用。它调动我们身上的"设施"来有意识地采取行动。"意志力"是我们作为人的重要属性。因为"意志力"的动用意味着我们在有意识地运用理性思维。它一方面把我们和动物区分开来，另一方面把我们和计算机和机器区分开来。

几个世纪以来，哲学家们一直在讨论所谓的"自由意志"的程度。我们是否有权选择和决定？我们对自己的行为有多少有意识的控制？我们本能就会对刺激做出反应吗？我们是否和计算机相似？这是一场无休无止的争论。然而，常识告诉我们：为达成现实中的各种目的，我们确实有自由的意志。我们能通过意志来撬动行动的杠杆。通过决策，我们对一些行动"开绿灯"，对另一些行动"亮起红灯"以阻止它的实施。

这种"编辑"你的本能或者冲动的能力，或者说选择"做什么"以及"忽略什么"的能力，之前通常被称为"意志力"。但是这个词现在听

1　选自英国人力研究学会报告《是什么造就了经理人？》（ *What Makes a Manager?* ）。

上去已经相当过时了。它也被用来描述人们在执行他们的意志或意图时所表现出的力量或能量。

海妖塞壬（the Sirens）之歌

在靠近海怪锡拉和查理比斯的岛屿上，生活着海妖塞壬。奥德修斯（Odyssens）和海妖的故事很好地说明了意志在抑制行动中所起的作用。水手们被海妖的神奇歌声所诱惑，降落到岛上，然后死去；草地上满是腐烂的尸体。但奥德修斯，为了能听到这迷人的声音又不至于失去生命，他在船接近岛屿时，让人将自己绑在桅杆上。他的水手们耳朵里塞上了塞子，所以当奥德修斯疯狂地哭喊时，他们可以完全忽略他。"意志力的绳子"将他牢牢拴住。

当杰森（Jason）和阿尔戈（Argonauts）驶过塞壬岛时，他们带着著名的色雷斯人歌手和竖琴演奏者俄耳甫斯。据说俄耳甫斯能用他的音乐吸引树木、野兽甚至石头。当他开始唱歌时，他的歌声太优美了，以至于杰森和他的船员完全忽略了海妖塞壬的声音。他们安全地划过了小岛。而"激励"（incentive）这个词就来源于拉丁语，表示"唱歌"。

因此，动机是一种内在的需要或欲望——有意识的、半意识的或可能是无意识的——它根据你的意愿运作，并引发某种行动。当然，你的有些动机可能也不会引发行动，这些动机没有接到行动的指令。而另一方面，你也可能会做一些没有明显动机的事情。这时，其实你不是没有动机，而是动机不透明或者你没有意识到你的动机，以至于你或者任何人都无法描述它。或者你的行为可能就如脱了缰的野马一般，不受任何阻止而自由驰骋。

这样的行为通常是受情绪所驱动的。和"动机"这个词一样，"情绪"这个词也起源于同一个拉丁语动词，表示"移动""行动"。值得注意的是，我们经常经历与行动无关的"情绪"。比如，电视中上演的悲剧让你流下眼泪，但也许你并不会因此而做些什么。当然，有的时候强烈的情绪也会刺激现实的改变。

> 达蒙、莎伦和罗伯特都有杀死埃德温·盖廷斯的动机，但道德上的顾忌或实际考虑阻止了他们所有人采取行动和实施谋杀。事实上，当盖廷斯意识到自己的商业帝国即将解体时，在他的最后一杯威士忌和苏打水中放了点砷，然后跳下船自杀。

■ 混合动机

任何一个简单的行动都可能源于不止一种驱动力。换句话说，我们常常有混合动机。

> 莎拉（Sarah）的丈夫久病不愈，离开人世，留下莎拉和三个需要养育的孩子。莎拉一开始非常坚定地认为自己不会再婚，因为她曾深爱自己过世的丈夫。然而几年后，在一次晚宴上，她结识了詹姆斯（James），一个带着两个孩子的单亲爸爸。最终，他们决定再婚。莎拉对她最好的朋友讲道："坦白讲，我并不是对他有炽热的爱恋，但他很和善、很幽默，并且他真的很关心我。我喜欢他的陪伴。我最近常感到空虚寂寞，我需要有一个人来照顾我。此外，他能做我三个儿子的爸爸。我的儿子们需要有个男人陪伴在他们的生活中。当我年老，孩子们都离家远去之时，他能陪着我，给我安全感。"

随着时间的推移，莎拉对詹姆斯的感情愈加深厚，但这些都是后话了。莎拉和她朋友的对话说明她坦诚面对了自己的原始动机：对于陪伴的渴求和情感上缺乏安全感。许多小的动机一点点汇成大的动机，最终这个动机变得足够强大，让她接受了詹姆斯的求婚。

我们当中的大部分人在大部分时间都会受混合动机驱动去做事。我在下一章将会讲到，这个因素会让我们的计算和决定变得异常复杂。然而，需要注意的是，混合动机未必就弱，也未必不纯或者不诚实。正如由不同材料制成的复合弓比用最好的木材制成的传统弓射箭更远。

■ 不同意识层次的动机

如上述故事中的莎拉，我们有时经常感觉需要为自己想做的事情找到理由。如果你不幸有一天站到了法庭的被告席上，你就会被要求这样做。"理由"和"动机"常常被用作同义词来描述一个人行为的动因。但是"理由"更具体地指向逻辑或理性的辩护。你可以通过引用、论述相关事实或情况来进行辩护，让你的行为变得情有可原。

这个给出解释的自然过程可以被叫作"合理化"，也就是在不分析真正动机（特别是无意识动机）的情况下，为你的行为找到合理并可信的动机。首要的困难就是我们并不总是知道自己的动机是什么。我们也许会感觉到，但是无法明确表达。第二，我们都希望在别人面前有一个好形象，或者自我感觉良好。如果我们真诚地直面自己的动机，有可能会带来负面或敌对的反应。很可能我们会在其他人的品头论足中失去自己的良好形象。因此，有时我们需要为自己的行为找到貌似有理却失真的理由，与此同时，有意或者无意地误导别人。

而这种有意的"合理化"并不是十分容易被发现。别人如何在证明你做过某事或没做某事的各种纷繁复杂的理由中辨别出真相呢？

所以，合理化就如同烟雾弹，被用来故意遮蔽你真实的动机。出于这样或那样的原因，你也许并不想了解这些动机。也许你认为这些动机难以启齿。抑或这些动机就如从沼泽中升起的雾气，当你试图为自己的行为找到理由时，这些动机也变得模糊起来。这些动机的源泉隐藏在无意识的沼泽中。

当然，有意识和无意识不是非黑即白的对立状态。它们更像是光谱的两端，在它们之间还有很多的中间状态。事实上，将动机考虑清楚这件事最现实的困难在于很多时候动机本来就是自然而发的、无意识的。

"胡萝卜加大棒"（软硬兼施）的激励理论

激励别人比激励自己更需要能力，因为激励别人在于你让别人产生动机。激励别人意味着你鼓励、诱导别人去做某些事情，你在发起别人的动作或行为。换句话说，你在激发别人从事某项活动的兴趣。

世界上最古老，也是最广为人知的理论就是"胡萝卜加大棒"。你也许觉得很奇怪，我居然把它称作理论。毕竟，没有任何一本学术著作或任何一篇论文是关于它的。然而，它就是一个理论，并且它确实也是基于某种假说。为了向你说明这个理论是多么的古老，我举个例子。"刺激物"（stimulus）这个词本身就来源于拉丁语名词"goad"，指的是有钢制尖头的棍子，这种棍子可以用来刺戳动物，以驱使它们前进。

假设你有一头不愿行进的驴子，有两种方法可以驱动它：一种就是用棍子戳它；另一种就是在它的面前放一根胡萝卜。从你的角度来说，使用哪种方法都无所谓。只要驴子能前行，你又不需要消耗宝贵的体力，强拉着它走就可以。毕竟，买驴子的目的是为了省力，而不是费力。

不管是用胡萝卜或是棍子，你都在帮助驴子下定决心。胡萝卜作为唾手可得的食物可以满足驴子食欲。如果你确定驴子很饥饿，胡萝卜显然是一个很好的刺激物，让它前行。而如果驴子不饿或是已经吃了太多的胡萝卜，那么你提供的胡萝卜也许就不能起到作用。如果你抽打你的驴子，它也许也会下定决心前进以避开你的鞭打从而免于疼痛。这种行为体现了所有动物，包括人类，对疼痛的强烈厌恶和恐惧。

此外，你也可以通过仅仅亮出大棒就能有效地刺激它前行。由于过往被打的经历，驴子对于大棒的恐惧已经留在了它的记忆里，这种对于恐惧的记忆就能起到作用。你可以选择一头痛点低、焦虑度高的驴子。

我要说的是，我并不赞同对动物的虐待。但是，关于胡萝卜和大棒的俗语确实说明了关于激励他人的最深奥的理论或假设：提供奖励或惩罚。因为我们倾向于把同样的假设应用到别人身上，就像我们对驴子一样。当然，人和驴子不同。首先，人类可以讲话、交流，所以我们可以更加了解别人头脑中的想法。此外，人会比驴子更加主动地获得不仅仅限于食物的奖励，并且避免大棒所象征的厄运。

EFFECTIVE MOTIVATION

人类思想的两大动力是对善的渴望和对恶的恐惧。

——塞缪尔·约翰逊（Samuel Johnson）

胡萝卜和大棒都可归为一类：外部刺激物。刺激物不仅仅指可以驱动动物前行的大棒，它还可以指任何能引发、增加或加快身体动作的事物，也包括所有能够激发、鼓舞或提振思想或精神的事物。因此，除了能让你行动之外，刺激物也可以引起你的兴趣，或者能让你满足或振奋。当你激励他人时，你是在有意识或无意识地对他人的思想、心灵或精神施加某种刺激。这种刺激可能是正向的，比如提供奖励或诱惑。这种刺激也可能是负面的，比如威胁别人如果不改变立场，就要承担可怕的后果。又或者，这种刺激物是二者的组合：软硬兼施。

人和驴子或是其他役畜之间存在着某些可以类比的地方，否则胡萝卜加大棒的理论不会盛行如此之久。但是，和其他的类比一样，这个类比在某个特定点就会失效。人类和驴子、猎狗或者马匹存在本质上的不同。激励人还有第三种方法，就是通过言语和榜样，向他们灌输你自己的理念。

■ 结论

激励是驱使一个人行动。我们可以有混合动机。动机可能是有意识的，也可能是无意识的。动机是行动的必要不充分条件。要想有行动发生，人们需要做出决定或者动用意志力。因此，有这样的法律格言：我们必须根据一个人公开的行为来判断他的动机。然而，我们对自己的行动给出的理由并不总是和我们的动机一致。

激励还包括使他人产生动机去行动。传统的"胡萝卜加大棒"理论揭示出我们可以使用两种刺激物：提供奖励、威胁承担后果。这些都是外部刺激物，可以用来驱使役畜。而人与役畜之间的类比并不常常适用。你可以根据情况，通过奖励或惩罚，不同程度地激励别人。但是，作为人类，我们的人性，特别是我们非凡的沟通能力，为我们开辟了第三条道路。你可以激发他人的一系列动机，而这些动机与逃避痛苦或寻求物质回报几乎没有关系。

02

你期待什么

　　我们在上一章所探讨的"胡萝卜加大棒"理论和管理学教科书中更精妙的"期望理论"密切相关。期望理论的核心是有意识或理性的推理过程，通过这个过程你可以计算你将得到什么，同时你又将为此失去什么。对于动物来说，这是依赖本能做出判断。

　　一只大而柔软的加拿大猞猁在厚厚的雪地里追逐一只雪兔，追逐了200米后，它放弃了。如果捉到兔子，兔子作为食物为它带来的补给不能弥补它在追逐中失去的能量。如果它追的是一头鹿，在它做出基于本能的决定之前，它追逐的距离会更远。

　　这种方法和马斯洛需求理论以及其他需求理论并不相悖，这些需求理论我们将在后面的章节中详细讨论。这种方法也不是相对于其他需求理论的另一种选择。它仅仅把我们的注意力集中在动机（如需求、动力或欲望）和行动之间的关键连接上。它试图带我们进入头脑的控制室并向我们展示头脑进行了哪些计算。"期望理论"甚至试图将这些判断简化为公式或者等式。

期望理论的起源

有关动机的理论有时会分为两个相对的阵营。每一个阵营都有相对的、关于人性的哲学假设作为理论支撑。行为主义心理学家认为人类行为是反射的和本能的，受"刺激反应"的支配；而认知主义心理学家认为个体基本上是理性的和有目的的，他们能够选择目标并能够修正或改变他们的行为。像很多二分法一样，这都太绝对了：人性的一个悖论是我们同时包含了两种动机，因为这两种动机并不是光谱上对立的两端。但是这种区分还是有用的。

期望理论显然处于认知主义的阵营中。在20世纪30年代，一位名叫爱德华·托尔曼（Edward C.Tolman）的美国心理学家最先构想了这个理论。他提出这个理论是出于对当时盛行的行为主义心理学的反驳。托尔曼认为，人类行为受到有意识的"期望"的驱使，而不单是对刺激的反应。你的"期望"，也就是你的"行动前景"，会带来你想要的目标或者结果，所有这个理论被称为"期望理论"。

举个例子：假如一个工人需要更多的钱去照看生病的孩子并且他确信只要更加努力工作，他就会得到更多的收入，那么，基于期望理论，我们可以预测这个人会投入更多的时间和努力来获得想要的东西。但是，另一方面，如果这个人高于平均水平的付出只换来了口头的称赞，那他很快就会失去努力的兴趣。因此，人们是非常有意识地关注自己利益的。他们的行为方式有助于实现他们想要的成果。

期望理论可以部分地解释另一种现象。在霍桑的实验中，埃尔顿·梅奥（Elton Mayo）记录道，个体工作者似乎会根据群体的动机水平调整自己的动机水平。看看你能否运用这个理论来解释下面所描述的发现。

霍桑研究

EFFECTIVE MOTIVATION

20世纪30年代，埃尔顿·梅奥在美国西部电力公司的霍桑工厂挑战了一些以"胡萝卜加大棒"理论为依据的科学管理假设，开创了"人际关系"运动。研究强调了工作中社会因素的重要性以及非正式团体规范对工作满意度和生产率的影响。该研究旨在探讨不同照明度、休息时间及工作日长短对工人装配电器元件效率的影响。研究没有发现简单的关联度。相反，在对于某些条件的调查中，比如对于光照水平的调查，不管实验变量如何变化，生产率都会上升；而其他研究则显示，产出量明显呈随机变化，对此没有明显合理的解释。后续的实验和对工人的访谈显示，公司内的非正式团体会影响个人的态度和工作表现。例如，霍桑研究的某条线提供了对于产出限制的早期解释。布线观察室的工作人员根据整个部门的小组计件工资制度获得报酬，这意味着每个人的收入都受到部门内其他人的产出的影响。然而，观察者发现，该组群的高效员工在有意地限制其产量，以将他们的生产量控制在非正式团体标准之内。

霍桑的研究者们经受了很多批评。比如，一个批评者指出，由于实验设计中存在不受控制的因素，不可能从研究中得出明确的结论，而且实验人员从研究结果中得出的结论既不基于他们的数据，也不能从他们的数据中得到支持。然而，这些研究仍然十分具有影响力。它们导致了受货币利己主义驱动的理性经济人的消亡。研究表明，工人们并不像弗雷德里克·泰勒（Frederick Taylor，科学管理之父）所指出的那样，是对激励措施做出反应或避免努力工作的消极个体，而是通过建立非正式团体规范进行生产的人们。人们似乎需要在团体中建立自我认同；并且，相比公司的控制，人们更在意小团体内的社交压力。尽管霍桑研究是对科学管理观的一次推进，但和其他观点一样，它肯定也不是完整的观点。很多个体似乎完全不在意团体的规范或者同事的排斥。这些"规则破坏者"违反团体规范，而且其产量远远超过平均水平。

——戴维斯（D.R.Davis）和沙克尔顿（V.J.Shackleton）《工作中的心理学》（*Psychology Of Work*）

如果个体工人重视他人的尊严、在意团体成员的认可并了解他个人的异常高产出会激怒同事并扰乱团队，那么你就可以预测，这样的个体会完全理性地遵守团体的生产规范。

▓ 让事情变得更复杂

1964年，美国心理学家维克多·弗罗姆（Victor H.Vroom）系统阐述了更复杂的工作动机期望理论。他的理论似乎为衡量人类动机提供了一种方法。个体对某一特定结果的偏好被他称为"价"。因为一个人可能会追寻或避免某些结果或者对某些结果模棱两可，所以，"价"可以是正的、负的或中性的。

弗罗姆创造的术语"主观概率"描述了个体对于行为所导致结果的期望。它是主观的，因为人们对行为和结果之间关系的判断会有所不同。主观概率可以在0和1之间浮动。0代表完全没有可能，而1代表绝对确定。因此，动机的强弱既取决于结果的"价"，也取决于实现动机的"主观概率"。

弗罗姆认为驱使个体采取某种行动的力量可以用如下公式表示：

$$F = E \times V$$

F = 行动的动机，E = 行为会带来特定结果的"主观概率"，V = 结果的"价"。这个公式被称为期望等式。

然而，在一些情况下，一个特定的行为会带来几个不同的结果。因此，期望等式需要计算所有这些结果。于是，这个等式就演变为：

$$F = \sum (E \times V)$$

$\sum$ 这个符号是希腊字母西格玛（sigma），在这里，它表示"加和括号中所有的计算值"。

"期望"和"价"都是多样的。因为不管 E 是零或者 V 是零，动机也会是零。这是可以预料到的。如果把"期望"加到"价"上，就会产生不切实际的结果。如果你认为一个特定的行为一定会导致一个特定的结果，而你却不看重这个结果，那么你就不会有动力去那样做。同样，如果你高度重视某个结果，但经预判，获得这种结果的可能性是零，你的动机同样也变为零。只有当这两个变量都是正向的，你才会有动机去做某事。

由此可见，期望理论可以很复杂。在你做事之前，你是否会做出此类计算呢？我们是否真的有能力在有意识的层面做出这类的分析？也许不能。但是，我们的大脑能在潜意识的层面做出此类复杂的判断。

期望理论的一个重要贡献是提醒我们，由于个体的感知是不同的，个体的动机和行为会有很大的不同。与你处境相同的人可能会对行为的结果赋予不同的价值，因此他们的反应也会和你的反应大相径庭。注意你的价值观在动机预期模型中扮演的重要角色。

詹姆斯·金费希尔（James Kingfisher）在布鲁诺商业银行工作了9年，之后这家银行成为一家规模更大的银行集团的分部。新来的老板们开始裁员并对留下的人提出了更高的绩效要求。他们还想在其他方面做出改变。

一天早上，部门新领导马丁·凯依（Martin Kay）说道："詹姆斯，我有一些好消息。我们的部门要被行业翘楚汤姆·福里斯塔尔（Tom Forristall）合并了。你会从他的身上学到很多。但这意味着我们将会加班到更晚。汤姆是个工作狂，但他确实很优秀。当然，我们的奖金也会翻倍。"

詹姆斯走开后开始思考这件事。转天早晨，他在走廊见到马丁并告诉他，自己决定离开了。他说："我珍惜每天晚上和我的孩子们在一起度过的时光，我真的不需要多赚那点钱。"

马丁问道："你难道不想成为一个世界顶级的交易人吗？这是一个多么好的机会啊。如果错过了，机会再也不会来了。"

詹姆斯微笑着说："如果错过了和孩子相处的时光，那些时光也不会再来了。"

我们注定会用不同的眼光去看待人和事，因为我们的价值观就如同我们的指纹一样与众不同。价值观点亮你头脑中的信号灯，让你对某些行为开绿灯，对另一些行为亮红灯。

这些不同形式的期望理论的难点在于，它们预设了"理性人"的存在。当然，我们确实拥有理性思维。在我们调整思想或者行动以达成某些目标时，我们通常会动用这种能力或功能。但是，在我们的本性中，还有一些其他因素也会影响"动机的微积分"。自私会使我们倾向于追求得到超越于自身付出的东西。正如古老的德国谚语所说："一个人用一只眼盯着他的给予，用七只眼盯着他的所得。"但另一方面，慷慨的精神也会激励我们付出更多，不计回报。

■ 结论

期望理论建立在我们自然或本能的倾向上，即平衡期望收益的价值和消耗的能量。这其中涉及对于行动可能性进行理性的计算，以确保得到你所想要的结果。我们可以将期望理论拓展，将无意识的大脑判断包括进去。但是，这也是基于"人类可以理性行动"这个假设。正是这种理性的概念需要进一步的探索。我们中的大多数人在大多数时候是理性的，这也解释了为什么"胡萝卜加大棒理论"和"期望理论"会广泛适用。但是有的时候，我们也许会不理性地期待自己的获得远大于付出或者期待付出更多而不计回报。

人类在互惠交易或交换中，遵循一条等价法则。如果你慷慨解囊，你会得到同样的回报。比如，如果你付给你的员工高于市场价格的报酬，那么你已经创造了一个必要的条件，让你的员工给你"高于平均水平"的回报。再举一个例子，如果你给予顾客的比他们所期望的要多，那么他们就会倾向于给你更多的生意。

从实际管理者的角度来说，还有两门课要学习。期望理论教你确保团队或个人达到期望结果的路线尽可能清晰明确。最重要的是，它告诉你，在同一种情况下，任何两个人都可能根据其特定的价值观或对概率的评估，以非常不同的方式看待奖惩。因此，在我们激励他人时，并没有灵丹妙药。我们要尊重个体的差异性。

03

马斯洛需求层次理论

也许没有一种激励理论能像亚伯拉罕·马斯洛（Abraham Maslow）的需求层次理论那样对管理者的思维产生如此大的影响。实质上，这个理论表明一个人的动机不是外在的，如奖惩，而是内在的需求计划。人们把这些需求按照层级分类。当一个层级的需求得到满足之后，人们就开始追求另一个层级的需求。得到满足的需求不再有激励作用。你之前可能通过阅读了解过这个理论，或者你可能听说过这个理论。在本书中，我们将对这个理论进行更深入的探究。

人类的需求可以被绘制出来吗？它们之间相关吗？满足某层级有意识的需求能否让一个人意识到之前没有意识到的另一层级需求？亚伯拉罕·马斯洛对这些问题做出了有力的回答：

> 人是一种很有需求的动物，他们很难达到一种完全满足的状态；这种状态即使达到，也只能存在很短的时间。因为一个愿望得到满足之后，马上又会出现新的愿望。当这个愿望又得到满足之后，还会有新的愿望不断出现。人基本上一生都是在渴望某些事情，这是人性的特点。所以，我们有必要研究所有动机相互之间的关系。同时，如果我们希望对我们的需求达成广泛的理解，就有必要避免孤立地看待各个动机。

1943年，在最早发表于美国的文章《动机的理论》（*A Theory of Motivation*）中，马斯洛就是这样表述的。这篇文章于1954年被收入他的著作《动机与人格》（*Motivation and Personality*）中，之后变得广为人知。

在这篇开创性的文章中，马斯洛试图在人类基本需求领域建立"基于优先程度的层级体系"，并就这种层级对我们理解动机产生的影响展开评述。他区分了五个层级的需求，五个层级之间呈动态关系。根据马斯洛的观点，一个关键的原则是：已满足的需求不再起激励作用。例如，如果一个人的生理需求得到完全满足，其他的需求就会出现，并取代它们成为有机体中的主导需求。当这些需求再次被满足时，更高的需求就会出现，以此类推。这就是马斯洛所说的，人类的基本需求是基于优先程度的层级体系。尽管没有任何证据表明马斯洛自己使用了任何形式的视觉辅助图，他的需求层次理论通常是以三角形或金字塔模型为基础展现出来的。但这有一个缺点：通过图形显示出的更高需求处于塔尖，规模较小，反之亦然。而事实上，我们追求食物的能力是有限的，但相比之下，我们的个人成长能力是无限的。也许最好的表现形式是将之绘制为相机的拓展镜头——不断向外部世界延展。

马斯洛需求层次

▇ 生理需求

生理驱动的概念通常是动机理论所探讨内容的起点。在这个层面上，马斯洛赞同将"需求"这个词等同于"驱动"，他以"身体内稳态"这个概念作为基础展开对这种需求的论述。身体内稳态指的是身体保持恒定的正常血流状态的自然努力，并以对食物的偏好作为判断身体实际缺陷的有效指标。

并不是所有的生理需求都为了维持"内稳态"，因为生理需求所包括的内容还可以拓展至性欲、嗜睡、纯粹的活动以及动物的母性行为。事实上，马斯洛认为，如果我们能接受用来界定生理需求的某些特征是可以逐渐消失的，那么生理需求的范围就可能大大拓展。

马斯洛认为生理需求是独特的，不同于一般的人类需求，原因有二：

◎ 不同的生理需求之间相对独立，并且生理需求整体上也与其他层级的需求相对独立。

◎ 对于典型的生理需求如饥饿、口渴和性欲等，都有对应的身体部位来满足这些需求。

然而，这种相对的独立性并不等同于孤立：生理需求也可以作为满足其他各种需求的渠道。比如，如果一个人认为自己饿了，他/她也许会寻求安全庇护，而不是去寻找碳水化合物或蛋白质。

如果一个人长期缺乏食物和水，他/她就会被吃喝的欲望所支配，而不会关注其他的需求。因此，生理需求是所有需求中最需要被优先考虑的。这种优先的确切含义是：一个人在资源极端困乏的情况下，会优先满足他/她的生理需求，而不是其他需求。在被这种需求暂时的支配下，一个人对未来的整体态度可能会发生变化。如马斯洛所说："对于长期饥饿和极度饥饿的人来说，他们的乌托邦就是一个有充足食物的地方。这样的人只要有面包就能过活。"

安全需求

当生理需求被相对较好地满足之后，新的层级的需求就出现了，主要是生物体对于安全的需求。成人会刻意抑制对于威胁或危险做出的反应，因此我们可以在儿童行为中更好地观测到这一需求。儿童对任何突然的干扰都会自发地做出反应，例如被摔下、被响亮的噪音或刺眼的闪光惊吓、被粗暴对待或没有获得充分的支持。

马斯洛还在其他方面发现了安全需求的迹象，比如孩子们会偏好常规日程或者生活节奏，他们渴望一个可预测的有序世界。不公平、不公正或父母间缺乏一致性似乎都会让孩子感到焦虑和不安。与其说这种态度的产生是因为不公正或者某种特定的痛苦，倒不如说是因为这些不公正与不一致会让世界看起来不可靠、不安全或不可预测。人们一致认为，儿童在有限度的宽容下更能茁壮成长，因为他们需要一个有组织或有结构的世界。看到陌生、不熟悉或无法控制的物体、疾病或死亡，会引起儿童的恐惧反应。尤其在这样的时刻，儿童对于父母疯狂的依附，有力地凸显了父母作为保护者的角色（这与父母的食物提供者角色和呵护者角色不同）。

谁是马斯洛?

亚伯拉罕·马斯洛于1970年去世,他年轻时,曾在纽约州的布鲁克林学院担任心理学讲师和教授,度过了自己漫长的职业生涯。从学术生涯的角度说,马斯洛最具成长性的岁月是20世纪30年代末在纽约度过的这段时间。正如他之后所说的:"纽约毫无疑问是当时心理学研究的中心。"

马斯洛研究了他那个时代的两个早期心理学学派,他将它们称为"整体学派"和"文化学派"。"整体主义"一词(来源于希腊语中的"整体"一词)最早于1926年由简·斯穆茨(Jan Smuts)在他的开创性著作《整体论与进化论》(*Holism and Evolution*)中提出,用来描述"宇宙整体起源与发展的原理"。马斯洛从格式塔学派的杰出成员那里学习了整体心理学方法的应用("格式塔"是德语中的"整体"一词)。之后,他认为自己在库尔特·戈尔茨坦(Kurt Goldstein)的教义中找到了联结整体派和分析派的方法。库尔特·戈尔茨坦发表于1939年的著作《有机体》(*Oganism*)尤其对马斯洛产生了深远的影响,比如,他据此提出了"自我实现"的概念。

除了在人类学家露丝·本尼迪克特(Ruth Benedict)的帮助下关注心理学的社会属性和文化属性之外,马斯洛还对北美的黑脚族土著进行了短期的实地研究。此外,他还和20世纪30年代的很多其他人类学家,比如玛格丽特·米德(Margaret Mead),进行了多次的交流。

在1954年,马斯洛(当时已经任职于布兰迪斯大学)发表了一卷题为《动机与人格》的论文集。马斯洛事先计划将这一系列的研究成果作为对分析学派、格式塔学派和社会人类学学派的一个整合。他认为这些学派"内在地互相关联,是一个独立的、更大的、包罗万象的整体的各个子方面"。他还希望通过将这些学派综合在一起,能够让他早期在实验心理学领域的研究更有意义。"此外,"他补充道,"我觉得它们能够让我更好地服务于我的人本主义目标。"

在成人世界中，我们也可以观察到对于安全的诉求，它体现在人们对于提供终身保障、养老金和保险计划的工作的普遍渴望，以及对于工作安全条件改善的渴望。对安全和稳定的追求还体现在人们普遍偏爱熟悉的、非陌生的事物，或已知事物。

提前退休

安东尼·克拉克（Anthony Clark）在一家大型保险公司担任高级经理。50岁时，他决定抓住机会提前退休。他的两个孩子刚刚大学毕业；他已付清了房贷；他有很好的退休金并且从父母那里得到了一笔遗产。他的经济得到了保障。他和朋友说："有一位我记不起名字的管理大师曾说过，被满足的需求不再能够激励人。我现在没有什么理由继续工作到退休的年龄。我现在可以去做我真正想做的事情。"

他决定在当地的大学开始学习法语和西班牙语。他在语言方面很有天赋，而之前他没能发挥这种天赋。他还喜欢在周末的时候出海并且说服了他的妻子购买了一艘小的巡洋舰，可以沿法国和西班牙海岸进入地中海。他在做他认为最有成就感的事。

■ 社交需求

马斯洛认为，当生理需求和安全需求被满足之后，人们就会开始有追求爱、情感和归属感的动机。当事人会非常强烈地感受到缺乏朋友或家人所带来的不适感。他/她会努力与人建立情感关系，争取"在群体中占有一席之地"。我们把这类需求称为社交需求。

错过的同事

温迪·赫斯特（Wendy Hurst）是一位训练有素的理疗医师，但是她为了家庭停止了工作。几年过去了，她发现她越来越想念工作带给她的社交生活。她告诉丈夫，她打算重返职场，先从兼职做起，等她最小的孩子上了中学之后再转为全职。

她的丈夫说："但是我们并不差那点钱啊，温迪。"她回复说："不是钱的问题。我觉得能和同事共事会让我的生活更有趣、更刺激。我真的很想念我的同事们。我们以前相处很愉快。虽然我在我们生活的这个地方也有一些社交生活，但是这和成为团队中的一员感觉不一样。"

社交需求是人类本性所赋予的。我们生来就处于家庭这个小团体之中，然后我们逐渐独立成为个体。但我们对彼此的需求从未改变。如马斯洛所说，工作确实提供了一种重要的方式来满足我们内心的这种需求，因为工作为友情创造环境。

■ 练习1

列出下列组织中满足其工作人员社交需求的三种方式：

◎ 大学系部。
◎ 你所了解的慈善组织或志愿者组织。
◎ 你供职的组织机构。
◎ 你原来的学校。

◢ 尊严需求

马斯洛需求理论中的这一范畴既包括对自我高度评价（自尊）的需求，也包括我们赢得他人尊重的需求。马斯洛将它们分为两个子类：

◎ 对力量、成就、能力、胜任、面对世界的信心、独立和自由的渴望；

◎ 对荣誉、名声、地位、支配、肯定、关注、重要性和赞赏的渴望。

从古希腊的"傲慢（轻蔑的傲慢）"观念以及埃里克·弗洛姆（Eric Fromm）对相关概念的著作出发，马斯洛认为："我们越来越认识到，将自尊建立在别人的看法上，而不是建立在实际的能力以及对工作的胜任上，是一件很危险的事情。最稳定、最健康的自尊是建立在由于实至名归而赢得的尊重之上，而不是建立在外部的名声和毫无根据的奉承之上。"

不满的出品人

布赖恩·格兰维尔（Brian Glanville）是一所大型综合学校的英语与戏剧部负责人。每年他都会在学校策划并导演一出大戏。"这需要付出巨大努力，"他解释道，"当然，这关乎名声。但有一件事让我觉得值得的是，在每周的员工会议上，主管总是对这部剧和我的贡献说一些赞美的话。直到今年，我都是这样认为。"

"今年有什么不同呢？"我问道，同时我注意到他非常沮丧的神情。

"主管打算今年年底离职，他完全失去了对这部戏的兴趣。今年这部戏能大获成功十分不易，因为我们缺少有天赋的演员。而在这部戏结束后的第一次员工会议上，他对此只字不提。我很生气，在会议快结束的时候，我说：'我想感谢每一位帮助我成功出品这出戏的人。'说完我就走出了会议室。他没有给我一点点肯定。"

■ 自我实现的需求

马斯洛写道："即使所有这些需求都被满足了，我们仍然常常（如果不是总是）会产生新的不满和不安，除非我们正在做我们适合做的事情。如果要最终和自己和平相处，音乐家必须创作音乐，画家必须绘画，诗人必须写作。我们要成为我们想要成为的人。我们把这种需求称为自我实现。"

马斯洛将自我实现定义为"一个人达成自己愿望的需求，即，实现一个人的潜能，无限接近自己想成为的样子，成为一个人所能成为的一切"。这些需求的凸显通常建立在生理需求、安全需求、社交需求和尊严需求被事先满足的基础之上。

世界级音乐家

无论是普通人才还是特殊人才，在我们所有人身上，是否都有实现或发挥人类潜能的需求或冲动？我们有广泛的理由相信这一点。相比于男性，女性是否更具有这种意识？桑德拉·乔利（Sandra Jolly）是一位非常有才华的大提琴家，但她强烈地意识到必须满足自己作为一个人、作为一个女人的需求。于是，她和另一位音乐家开始了一段感情，这让她感觉很充实。当他们的第一个孩子出生时，她越来越强烈地感觉到作为一名母亲的成就感。尽管她痛苦地意识到她为此在职业发展中做出的牺牲——在最关键的那几年中，她无法保住自己世界级大提琴家的地位——然而她更珍视自己在这份有爱的感情中所获得的成就感。她最好的朋友，一位同样有天赋的小提琴家，做出了和她完全相反的选择：放弃组建家庭的想法，一心一意地追求她对音乐的热爱。

马斯洛将我们上文中描述的一系列需求称为意动型需求，即那些涉及意愿或愿望的需求。值得补充的是，马斯洛还轻描淡写地勾勒出了另外两个相关的需求家族，他称之为认知需求（认识和理解的需求）和审美需求（对美的需求）。如果你读了他的书，你可能会注意到，马斯洛的语言在这一点上有些模棱两可。当他写"更高的需要"时，他有时指的是自尊和自我实现；而另一些时候，他心里想的是认知和审美需求。

同样，这里又涉及价值观的问题。正如意动型需求会形成欲望的"阶梯"，通向马斯洛所认为的人类至善（自我实现的状态），他所说的认知需求可以被解读为通向真理的步骤，而审美需求可以被解读为通往"美"的阶梯。这三个太阳照耀着我们，吸引着我们，尽管它们的光被穿越我们个人天空的文化云层所过滤和折射。当然，关于善、真、美等元价值观是否存在这个问题，独立于人的思想之外，是一个哲学问题。柏拉图相信它的存在，一些其他伟大的哲学家也相信。而相信善、真、美这种超脱个人主观感知的元价值观的存在，为探究人性的各个方面提供了有效的假说。

▪ 马斯洛理论关键点

马斯洛需求层次理论广为人知。我们总是间接地在对他的成果的总结中了解他的理论，这些资料往往都是二手资料或三手资料。因此，对他的理论的曲解有时不可避免。现在，我们可以从他理论发展历史的视角出发，来重新审视他的理论。我们可以暂时得出如下结论：

◎ 关于"已经被满足的需求不再起激励作用"这一原则，尽管基于常识和经验判断确实如此，但没有令人信服的证据表明，马斯洛需求等级中任何一种需求的满足都会使上一层级的需求成为主要动机。你的社交需求被满足之后，你的需求不一定会转移到尊严层面。

◎ 虽然需求可以被认为是一个松散的、逐步的过程，但马斯洛认为，在完全满足较低层次的需求之前，较高层次的需求有可能在某个时刻出现。

◎ 许多人表示愿意放弃更基本的需要，以满足他们对成就、认可和自我实现的需要。

◎ 我们的生理和安全需求更为基本（这点我们与动物类似）。如果这些需求受到威胁，我们会马上从高阶需求上"跳下来"，"捍卫"这些需求。意动型需求中的高阶需求往往较弱，但它们是人类独有的，体现人与动物的差别。实际上，马斯洛把自我实现等同于人的心理健康或人性至善。

◎ 文化和人的年龄等因素将明显影响马斯洛所提出的需求的价值或分量。

◎ 一些现有的关于动机研究的成果并不支持马斯洛的理论。然而，这不代表他的理论是错误的，只是没有得到其他研究的支持而已。

■ 结论

马斯洛的理论对管理者来说具有内在的吸引力和明显的实用性。它被广泛用于解释为什么在不同的情况下，我们有不同的需求和动机。它对预后的价值有限：当情况发生时，会有这样那样的其他因素变得重要。

它被认为是一种"均值"理论。我们从这个理论中最常得到的经验推论是"员工会希望得到更多"。这一概述忽略了一点，即人们想要的"更多"与他们过去的"所得"有质的不同。

尽管马斯洛如此专注于个人，但正如许多管理者所理解的那样，这一理论并没有强调个人差异，也没有提出"每个人都有一套独特的需求和价值观"这一想法。相反，它诱导管理者用"均值"思维来理解个人，而不是团体。

然而，厘清层次结构中的五组需求仍然是有用的。它们一起形成了一幅示意图。这省去了你作为一名管理者去厘清你团队成员的需求以及需求之间的联系的工作。将它放到更广泛的职场三环需求模型（见第7章）中去理解，会更有意义。

- -

我们的生活状态是这样的：没有人是完全快乐的，我们
总是在期待改变。改变本身并没有什么；当我们做到了，下
一个愿望就是再次改变。

——塞缪尔·约翰逊

- -

04

不止是为了面包

也许马斯洛需求理论中最复杂、最令人困惑和最有争议的方面就是它的核心概念——自我实现。他从美国人文主义心理学学派的先驱库尔特·戈尔茨坦那里借用了这个词。它是"自我完成""达成自我愿望"的同义词。

它是一个很复杂的概念。马斯洛自己也意识到,"自我实现"在某些方面是具有误导性的。这个概念还有些令人困惑,因为马斯洛自己也没太搞清楚。此外,它还是个有争议的概念,因为并不是每个人都认为工作应该具备让工作者自我实现的条件,不管这份工作是什么。

有时我想,不如把这个话题从这本书中删掉,但我知道那样做是不对的。因为马斯洛正在摸索着寻找一条线索,以更好地激励人类工作,这条线索在21世纪世界范围内具有极其重要的意义。对你来说可能已经是这样了。

马斯洛的自我实现概念

让我们先来解析马斯洛所说的自我实现。他使用的这个术语主要有两层含义:

◎ 特殊：一个有创造力的艺术家或其他人意识到他拥有的特殊才能、能力或天赋，受到驱动要充分开发利用这种才能、能力或天赋。

◎ 一般：任何一个人，受到驱动，成长并发展为一个完整的人，实现我们内在所有独特的人类潜能。

在第二个层面上，马斯洛将自我实现等同于他所说的"心理健康"。在他的另一篇题为《自我实现的人：心理健康研究》(*Self-Actualizing People: A Study in Psychological Health*)的论文中，他试图描绘、刻画出"自我实现的人"形象。除了没有人格障碍这一标准之外，他对研究对象选择标准的制定再次显示出他对特殊和一般定义的混淆。

充分利用和开发天赋、能力、潜力……他们是那些已经或正在发展他们全部潜能的人。这些潜能可能是特质性的，也可能是物种性的，因此自我实现中的自我不能有太多个人主义的味道。

马斯洛列举的案例、部分案例和潜在或可能的案例，一方面包括贝多芬、歌德、沃尔特·惠特曼(Walt Whitman)、亨利·梭罗(Henry Thoreau)和小提琴家弗里茨·克利斯勒(Fritz Kreisler)等富有创造力的艺术家，另一方面包括托马斯·杰斐逊、亚伯拉罕·林肯、埃莉诺·罗斯福(Eleanor Roosevelt)、阿尔伯特·施韦策(Albert Schweitzer)和哲学家斯宾诺莎(Spinoza)等更具普遍性或代表性的人物。

我在这里就不一一列举他所列出的18条特征或心理健康元素了，因为我已经在1989年出版的著作《了解激励》(*Understanding Motivation*)中做过详细论述，这本著作是对马斯洛理论的专门研究。考虑到他的主题，不足为奇，他列出的清单中包括许多与有创造力的人相关的特征。他列出的第14条特征和他所说的"创造性"有关。

> "这是我研究对象或观察对象具有的一条普遍特征。"马斯洛说道，"没有例外。每一种都以某种方式表现出一种特殊的创造性或独创性，这种创造性或独创性具有某些特征。"与莫扎特那种天赋异禀的创造性相比，这些人表现出的一般性创造力类似于在儿童身上表现出来的。这种创造力赋予他们所做的一切某种态度或精神："从这个意义上说，可以有创造性的鞋匠、创造性的木匠或创造性的办事员。"马斯洛认为，强烈的克制通常会抑制创造力的自发性，而在自我实现的人身上，我们可以找到这种自发性。或许，当我们在这里谈到创造性时，我们只是从另一个角度，即从结果的角度，对上述内容加以描述，以产生更新鲜、更深入和更有效的感知。

要想理解马斯洛关于自我实现或心理健康的论述，第一个线索就在于要理解"创造力普遍存在于人性中，是人类固有属性"这一观念。当人们其他方面的需求得到满足之后，人性中的这一属性就会凸显出来。

第二个线索可以在"成长"的概念中找到。"整体性"这个词来源于"整体主义"这个词，是由南非陆军元帅简·斯穆茨在1926年发明的，用来描述大自然将部分有机地聚合成整体的过程。婴儿就是一个逐渐长大的整体。随着时间的推移，"整体性"逐渐在马斯洛所代表的哲学流派中，成为一种一般性描述。

■ 区分自我实现和自我主义

创造了"自我实现"这个概念之后，马斯洛一直在尽力消除这个概念的误导性。

第一个问题就是，在英语中，"自我实现"听起来很接近"自我中心"，甚至可能有人将它理解为"自私"。马斯洛努力地厘清"合理正当地实现自我利益"与"不惜一切代价或通过任何途径自私地专注于自我实现"这二者之间的区别。

马斯洛走出这一僵局的途径是强调他的研究对象是如何以他人为中心的。这些研究对象在没有考虑自己的情况下为实现有价值的目的付出了很多，很明显，他们的自我实现只是努力工作的副产品。马斯洛将他们的努力工作模棱两可地称为"自我实现工作"。他不厌其烦地重复着这个悖论：在自我实现的人身上，自私和无私之间的二分法已经被超越。自我实现的人是无私的、以他人为中心的，但是他们对自我也有一种"健康"、合理的考虑，并且相比其他人，他们的这种考虑更多。

最后，马斯洛发现"自我实现"这个词本身就是一个绊脚石，任何解释都无济于事。他写道："从文字角度上讲，这个术语很蹩脚。除此之外，这个术语还有无法预料的缺点。"这些缺点如下：

◎ 暗示利己主义而不是利他主义。

◎ 忽视人生中的责任和奉献。

◎ 忽视了与他人和社会的联系，忽视了社会因素对个人成就的影响。

◎ 忽视了无我和自我超越。

◎ 通过暗示，强调"主动"，忽视"被动"或"接受"。

尽管马斯洛费尽心思地描述了"自我实现的人是利他的、专注的、自我超越的和有社交的"这一经验事实，"自我实现"这个术语还是存在不可避免的缺陷。

■ 在路上，而非终点

"自我实现"这一概念暗含的另一层误导信息在于："自我实现"是一种终极状态。一些人已经到达了这一终点，另一些人还没到达。前者已经完全实现了他们作为人的自我实现，他们是完全成熟的。对他们来说，工作成为一种表达自我成就的方式，而不是获得自我成就的方式。不幸的是，这种假设与人类精神并不合拍。

"自我实现"这个词包含了一个隐喻。人被比作一个空容器，等待被填满：它所能容纳的一切都在它的限度之内，没有多余的空间。从某些角度讲，这不是一件好事，因为一个完整的杯子意味着填充的过程已完成或已结束。把更多的酒倒进满了的杯子里还有什么意义？我们都知道植物生长结束后会发生什么！但事实上，人生就如同一本书，没有完结，只有被弃读。正如有句谚语所说："把结局留给上帝。"

> **这是你的生活**
>
> 我不是我该成为的人
> 我不是我要成为的人
> 但我不是原来的我！
>
> ——佚名。亚利桑那一家酒吧的涂鸦

有一个传说，亚历山大大帝曾被发现在哭泣，因为在他30岁的时候，已经征服了全世界，没有地方可以征服了。从这个角度讲，大多数人都是亚历山大。我称它为"亚历山大原理"，它说明我们每个人都需要新的世界去征服。很明显，在某种层面上，我们和有机体生长之间确实存在着某种类比；但是，同所有的类比一样，这种类比在某个时刻会失效，或者说，至少我们希望它会失效。我们厌恶这种被称为"自我实现"、"成熟"或"心理健康"的所谓终点。正如14世纪德国神秘主义者梅斯特·埃克哈特（Meister Eckhart）写道："此生无止境。没有，对任何人来说，人生都不存在终点——不管他们走了多远。"所以，最重要的是：时刻准备好接受上帝的恩赐。

人类创造力

如前面所述，将工作分为"有成就感的"和"无成就感的"是有一定意义的。这样，我们就可以立即区分工作和苦差事。

顺便说一句，管理思想家，如马斯洛、弗雷德里克·赫茨伯格（Frederick Herzberg）和道格拉斯·麦格雷戈（Douglas McGregor），都喜欢从《圣经》中为他们的想法寻找支撑。事实上，圣奥古斯丁是最先区分工作和苦差事的人。工作是"亚当"（希伯来语中的"人"一词）的自然状态。管理者工作的本质是于混乱中维持秩序。这是亚当被赋予的任务。然而，由于他的"堕落"，工作变成了苦差事。因此，《创世记》的故事试图从精神原因的角度去解释《圣经》作者所见证的发生在以色列土地上的辛苦劳碌。通过一种新的神圣精神的注入来恢复人性，这意味着工作将恢复其失去的原始意义。

马斯洛头脑中所建构的工作是什么样的？什么样的工作不同于苦差事，可以至少带给从事者部分的潜在满足感？我们可以识别出这些决定因素吗？马斯洛在1971年出版的《人性能达到的境界》（*The Farther Reaches of Human Nature*）中做出过一些描述，从中我们可以找到一些线索：

> 自我实现的人，毫无例外，都从事过某些超脱自我需求的伟大事业。他们全身心投入，致力于某件对他们来说非常珍贵的事情——一些古老意义上的召唤或使命，即祭司意义上的使命。他们所做的事情是命运以某种方式召唤他们去做的，他们所做的就是他们所爱的；所以，对他们来说，"工作"与"享受"之间的二分对立消失了。所有人，都以某种方式，献身于寻找我所说的"存在"价值，即内在的终极价值观，而这些价值观不能再被简化为任何终极价值观。

有疑问的线索在于"职业"这个词。在这种情况下，我们需要抛开"谁或者什么召唤某人去从事某一特定工作"的问题。我们应该把重点放在职业工作的特点上。那些有使命感的人倾向于从事创造性的工作或服务于他人的工作。当然，这两种类别并不排斥。

> 在我看来，健康和幸福从来不是绝对的目标。我更倾向于把这种道德目标比作猪的野心。只有为别人而活的人生才是值得的人生。
> ——阿尔伯特·爱因斯坦

　　这种思想的问题在于，人们认为，创造性只被赋予这个世界上少数的幸运儿——爱因斯坦、达·芬奇和莫扎特。"少数"与"大众"成了关键性问题。道格拉斯·麦格雷戈，大胆地争辩说，被认为是少数人拥有的东西实际上存在于多数人之中，包括你和我。此外，企业也可能从人类的这种广泛的，甚至是普遍的创造力中获得利益。

谁是道格拉斯·麦格雷戈？

　　麦格雷戈1906年生于底特律，是长老会牧师之子，毕业于韦恩大学，曾在哈佛大学从事社会心理学研究，之后成为麻省理工学院的教授。作为一名管理顾问，他曾与新泽西标准石油公司、贝尔电话公司、联合碳化物公司和英国帝国化学工业公司合作。他在俄亥俄州安提阿学院当了6年的校长，之后回到了麻省理工学院。他在1964年的一次车祸中丧生。

■ 练习2

下面的 9 个命题，你是否同意？	是	否
1. 一般人对工作有一种天生的厌恶感，如果可以的话，他们会尽量避免工作。	☐	☐
2. 由于这种对工作的不喜欢，大多数人必须受到强迫、控制、指挥或惩罚威胁，才能为实现组织目标付出足够的努力。	☐	☐
3. 一般人更喜欢被引导，希望逃避责任，野心相对较小，更希望安全。	☐	☐
4. 工作中体力和脑力的消耗与玩耍或休息一样，是一件自然而然的事情。	☐	☐

（续表）

下面的 9 个命题，你是否同意？		
	是	否
5. 外部控制和惩罚威胁并不是实现组织目标的唯一手段。人们可以自我指导和自我控制，为他们所承诺的目标服务。	□	□
6. 与成就相称的奖励会促进对目标的承诺与认同。	□	□
7. 一般人在适当的条件下，不仅要学会接受责任，而且要学会寻求责任。	□	□
8. 在解决组织问题时，高水平的想象力、独创性和创造力广泛地分布于人群中，而不是狭隘地为少数人所有。	□	□
9. 在现代工业生活条件下，普通人的智力潜能只能得到部分利用。	□	□

现在，你可以考虑你当前所处的组织机构的管理情况，重复此练习。判断组织成员的态度和行为（撇开他们在公司使命声明中所说的或所宣称的），你认为他们是否同意这些基本主张？

X理论和Y理论

上述练习中列出的前3个原则被麦格雷戈归为X理论。他说，这是传统的控制观和指导观。那些有意或无意信奉X理论的人认为员工对他们所供职的组织机构的目标没什么兴趣。他们被恐惧或威胁所驱使，或被提供的经济条件所诱惑，或者说，他们受到"胡萝卜加大棒"的驱使。

相反，剩下的6个命题属于Y理论，暗示了个体目标与组织目标某种程度的整合。下面，我们用图来将这两种理论观点可视化。

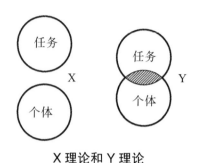

X 理论和 Y 理论

当个体与任务两个圆完全不重叠时，你会发现异化疏离。公司和个人都感知到的任务与个体的重叠阴影表明了一种非常不同的关系。它更类似于一种公司和个人的合伙关系。当然，这不意味着个人需求与任务要求之间毫无对峙，但是，本质上的冲突是不存在的。两方可以通过合作，在各自不同但相互重叠的利益和因此而产生的共同利益之间实现可接受的平衡。

在这里，麦格雷戈大量地借鉴了马斯洛的研究成果。事实上，马斯洛的启发构成了 Y 理论的核心。麦格雷戈糅合了马斯洛理论中的需求层次，但他将之消化分解，以一种商业管理人员可以理解的语言讲述出来。此外，他将这一理论与管理学中更为传统的关注点结合起来，提出个人的需要和组织的需要并不是天生不相容的。比如，在 Y 理论的第三条命题（练习中的命题 6）下，麦格雷戈评论道："这些奖励中最重要的，例如自我满足和自我实现的需要，可以是针对组织目标所付出努力的直接产物。"

同马斯洛一样，麦格雷戈更像一名思想家而非研究者。他的核心假说是：普通人，或者说那些非精英的普通大众，有能力展现出高水平的想象力、原创力和创造力。这被认为是一条未经证实的假说，甚至有人认为这是一种异想天开。关于这个假说，三大激励理论家中的第三人弗雷德里克·赫茨伯格试图用实证研究证明麦格雷戈的假设是正确的。对此，我们将在后两章中详细介绍。

■ 服务他人

你可能已经注意到，麦格雷戈和赫茨伯格专注于职业工作中与成就相关的工作，即创造性工作。他们认为，创造欲望的广泛存在超乎我们之前的想象。但是，工作的另一个维度，即服务他人，是如何被提及的呢？这个维度没有受到关注。然而，自相矛盾的是，从长远来看，它可能比创造能力更为重要。客户需求是当今组织工作的核心。当然，这里所说的客户包括组织内部和外部的客户。

我们需要注意互惠原则。你希望别人通过他们的行业和工作带给你高品质的商品和服务，同样，你也要为别人提供高质量的商品和服务。通过这种方式，马丁·路德（Martin Luther）教导我们，忠实的工作者成为爱的导管，帮助上帝传递他的爱。工作就这样变成了服务。

无论是"创意"维度，还是"服务"维度，有价值的工作都是磨砺人才的试金石。然而，"天分"这个词有广泛的含义。它来源于《圣经》中的故事。一个人到一个遥远的国家旅行，他把五种天分——古代世界特定重量的黄金或白银——托付给他的仆人们。根据仆人们的能力，他把其中的两种分给了一个仆人，另外两种分给了另一个仆人，还有一种分给了第三个仆人。第三个仆人决定稳妥行事，于是他埋藏了自己的天分。而他的两个同事却冒了一些风险，让主人交给他们的天分翻倍了。

主人回来之后，对前两个仆人的行为加以肯定，奖赏了他们。主人说："干得好！你们优秀又忠实。"并且，主人让他们负责更多的事情。而那个更为谨慎的仆人发现自己遇到了大麻烦。他为他的动机缺乏寻找理由，他解释道："主人，我知道您是个硬汉，在没有播种、扬谷的地方收割，所以我很害怕，才把您的天分藏在地里。给您，您现在可以拿回您自己的东西。"他的主人指责他的懒惰不作为："你为什么不把它放入银行，收回一些利息呢？"之后，主人惩罚了他。

然而，你的天分并不同于故事中的金条或银条，天分是你天生的能力或才能。它使你有能力在脑力或体力活动中取得成功。因此，天分并不局限于创新领域：你可以拥有销售、修理、财务、行政、设计或园艺等方面的天分。每个人都有可能在某方面取得成功。

▌结论

未来的种子在于现在。就实际管理而言，如果道格拉斯·麦格雷戈是对的，那么在当今的就业人群中，仍有巨大的未开发的善良、能量、创造力和智力资源。还有很多人，由于非自身的原因，还未得到就业机会，这也需要我们去挖掘。

我个人认为，对产品和服务质量的关注，已经证明了麦格雷戈确实是正确的。这种关注起源于第二次世界大战时的日本，现在已经普及。而人类创造力的发挥现在更多地依赖于团队协作。画家或作家、作曲家或雕塑家的旧式的个人主义模式与我们的关系不大。顺便说一句，直接的个人主义的服务模式——如护士对病人、教师对学生——也不是唯一的。我们为社会服务，就像为个人服务一样。我们的服务是团队或组织提供的，而不是一对一的。问题是，这种服务精神现在是否能激励多数人？在良好的领导下，这点是有希望达成的。

　　若能完全发挥人性所赋予我们的潜能，我们将大有所获。

——爱比克泰德（Epictetus）

05

"保健"因素

"工作满意度"现在是一个很常见的短语。它直接或间接地源于美国心理学教授弗雷德里克·赫茨伯格的颇具影响力的动机研究。尽管围绕着他的想法有很多争议,但他为我们理解工作中的动机做出了重要而有影响力的贡献。

从本质上讲,赫茨伯格提出了两个主张。首先,他宣称自己通过研究工作满意度的组成部分发现了证据,证明人们实际上是受到成就、认可和自我实现等"更高"需求的激励。其次,他声称,在企业实施切实可行的"工作充实计划",将通过加强所谓的"激励因素",来创造更高的工作满意度。他说,这种改变的方法不仅能给员工带来幸福,还能为企业节约成本。20世纪60年代和70年代,也就是赫茨伯格的研究蓬勃发展的时期,企业的主要问题是劳动力的高流动性。从工作中获得满足感的员工会为企业效力更久。

这里需要注意的是:"满意度"这个概念和"动机"这个概念不同,但是有一些重叠的部分。你可以对一份工作很满意,或者相对满意,而不需要太多的动机。

如上所述,赫茨伯格将促成工作高满意度的因素称为"激励因素"。这使他的研究成为我们感兴趣的领域。此外,和马斯洛的需求层次理论相对,赫茨伯格的"激励保健论"(即"双因素理论")已经成为传统主流管理思想的一部分。我们能从这个理论中学到什么呢?在回答这个问题之前,我们先来做一个测试。

■ 练习3

　　下面列出了可能影响你工作态度的因素。请按它们对你个人的重要性排序，不要联想其他。对你最重要的因素，请用"1"标记，次重要的用"2"标记，以此类推，一直排到第15。

　　当你从对自己的重要性出发，对这些因素进行评级时，请再考虑一下你的团队代表成员对这些因素的评级顺序，并依此完成第二栏。

你		团队下属
☐	成就	☐
☐	进步	☐
☐	公司政策和管理	☐
☐	工作带来的个人成长的可能性	☐
☐	工作兴趣	☐
☐	个人关系——和上级	☐
☐	个人关系——和同事	☐
☐	个人关系——和下级	☐
☐	个人生活（工作外因素）	☐
☐	对工作效率的认可	☐
☐	责任	☐
☐	薪水	☐

（续表）

你		团队下属
☐	安全	☐
☐	地位	☐
☐	工作环境	☐

■ 赫茨伯格的研究

1959年，赫茨伯格在一本名为《工作激励》（*The Motivation to Work*）的著作中发表了他对工作态度的研究。在撰写该书的时候，赫茨伯格时任匹兹堡心理服务中心的研究主任，后成为凯斯西储大学的心理学教授。他的合著者伯纳德·莫斯纳（Bernard Mausner）和芭芭拉·斯奈德曼（Barbara Snyderman）分别是同一研究所的心理学家和研究助理。

赫茨伯格和莫斯纳与另外两位心理学家一起，对有关工作态度影响因素的现有文献进行了一次初步调查。尽管他们调查的155份著作和论文在研究内容和研究方法上有所不同，但赫茨伯格和他的同事们从中得出一个主要结论：

> 基于我们对文献的回顾，我们有一个明显发现：对于各因素的优先等级说法各异。这取决于研究者探究的是员工对工作的满意因素，还是不满意因素。这一发现促生了"满足因素"和"不满足因素"的概念。由此衍生出我们自己研究的基本假设之一。

赫茨伯格和他的同事们首先进行了两次测试，研究对象包含13名工人、文员、工头、工程师和会计，以及39名中层管理人员（除6人外，其余都是某领域工程师）。之后，研究组对匹兹堡周边9家工厂的204名工程师和会计师的工作态度进行了研究。《工作激励》这本著作的主要内容就是对此研究项目的描述和讨论。此外，这项研究为未来10年的许多复制研究提供了一个模型。因此，了解赫茨伯格和他的同事们进行的这个关键研究很有必要。基于作者的写作风格，这并非易事，但是我们可以分辨出如下三大特征：

详述经历

在204名受试者中，每位受试者都被要求回忆过往工作经历中，对所从事工作明显感觉良好和明显感觉不佳的时刻。研究者假设，被调查者能够认识到自己一系列情感中的极端，并选择极端情况进行报告。他们区分了短期和长期的事件序列，但在每种情况下，"故事"都必须有一个开始、一个中间和一个结束。

因素—态度—影响

这项研究旨在揭示历史记载中客观"事件"之间的相互关系，以及受试者对客观"事件"表达的情感和由此产生的影响。令人困惑的是，受试者报告的是事件被标记为"一级因素"，与之相关的情感被标记为"二级因素"，而"因素"一词也被用来兼指两者。"态度"一词指的是对生活各方面更为固定的或习惯性的方式。"影响"包括工作表现（基于受试者自己对于可量化变化或者性质变化的报告）、心理健康、人际关系、对公司的态度以及对工作环境的态度。

研究方法

研究人员采用了"半结构化"访谈，问一些事前准备好的问题，同时在访谈过程中随时追问深挖一些研究者认为重要的问题。每个问题都被设计好，对于每个受试者的故事都理出基于"因素—态度—影响"的信息。每个受试者都可以选择讲述他对工作感觉良好的故事或对工作感觉糟糕的故事。当这个故事被彻底讨论和分析之后，研究者开始询问第二个故事，这个故事要和第一个故事相反。还有一些受试者也自愿讲述了第三个或第四个故事。

研究者试图将收集到的材料分类，分为"因素"和"影响"两个主题。在仔细地核对彼此的判断之后，研究小组将答案分解为"思维单元"。"思维单元"指的是"关于导致某种感觉的事件的描述，对某种感觉的定义，或对某主题效应的描述"。比如这样一种描述："这个迹象表明主管对我的工作有信心。"500个"思维单元"样本被分为三大类：一级因素、二级因素和影响。这三大类中的每一类又被进一步细分为次级类别。一旦95%的主要研究成员们在分类上达成一致意见，他们就会继续分析这475个故事或"事件序列"。

研究小组分析出的一级因素是给受试者带来良好或糟糕感觉的要素或行为。这些一级因素共有14个，具体如下：

◎ 肯定。

◎ 成就。

◎ 成长的可能。

◎ 提升。

◎ 薪水。

◎ 人际关系。

◎ 监管技术。

◎ 责任。

◎ 公司政策和管理。

◎ 工作条件。

◎ 工作本身。

◎ 个人生活因素。

◎ 地位。

◎ 工作保障。

在二级因素下，研究者分析了受试者关于"这些事对你意味着什么"这个问题的回答。当然，这一点上的信息受限于受试者表达自己感受的程度，还受限于受试者的洞察力，这种洞察力能促使他们报告真实的感知，而不是基于社会普遍印象报告一些刻板的想法。这些二级推理或概括与一级因素中的用言语表达出来的情感陈述是有区别的。这11个二级因素在很大程度上与一级因素同名，例如：认可、成就、成长的可能性、责任、归属感和兴趣。"对薪水的感觉"包括了一级因素中和金钱有关的情况。比如，如果对"为什么这次晋升让你感觉良好"的回答是"我喜欢赚更多钱"，那么二级因素就被编码为"薪水"。

对"影响"的分类分析问题较少，因为大多数受试者的回答都是很具体的：

◎ 表现影响。这个主要类别包括三个子类别。第一种是关于工作比平时好或坏的一般性评论；第二种是关于工作速度的评论；第三种是关于工作质量的评论。

◎ 人员流动。在"人员流动"这一概念中，一端是受试者的辞职或离职，而另一端是受试者因为对自己的工作和公司感觉良好，拒绝了去别处的诱人提议。

◎ 心理健康。积极的表现包括紧张症状减轻，体重不足时体重增加，以及停止过量饮酒或吸烟。然而，也有很多负面报告提到不良心理生理效应（皮肤病、溃疡、心脏病）、与紧张有关的身心变化（如严重头痛和食欲不振），以及可能与个人气质倾向有关的更广泛的焦虑症状。

◎ 人际关系。在很多例子中，工作似乎会影响一个人与家人的关系，关系变好抑或变差。

◎ 其他。受试者还报告说，他们对自己、同事、职业或雇用他们的公司的态度发生了变化。

■ 什么造成了对工作的不满

研究小组成员提出的主要问题是，不同的因素是否会带来对工作的满意和不满。他们感兴趣的一些小问题涉及长期和短期序列变量、一级和二级因素、影响和态度、职业、教育、工作水平和经验之间的相关性。从广义上讲，研究小组确信他们的主要假设，即存在两组不同的相关因素，已经被研究证明是正确的。

促成良好工作态度的因素大多在于工作本身。工作环境的特点，如工作条件、人际关系、监管、公司政策、对政策的管理、对员工个人生活的影响、工作保障还有薪水等相对不如工作本身重要。这是一个基本的区别。满意度与实际工作有关。其他因素描述了工作环境和情况，但不构成满意因子。

鉴于用来描述工作环境的因素十分繁复，会引起不满，赫茨伯格从医学界引入了"保健"一词。"保健"旨在消除人类环境中的健康危害。这不是一种治疗，而是一种预防。现代垃圾处理、水净化和空气净化并不能治愈疾病，但如果没有它们，我们会有更多的疾病。

根据赫茨伯格的说法，"保健"因素，如第51页表格所示，都是工作中会让你感到不快乐或不满意的因素。

▇ 练习4

在过去的9个月里，你在工作中是否有感到愤怒、沮丧或烦恼的时候？能否用三个故事来描述？简单地写下来。它们是否属于下面表格中的任何类别？如果不是，那就创造另一个属于你自己的类别——第9个"保健"因素。

"保健"因素

公司政策和管理	有明确规定的政策，特别是与人有关的政策；组织和管理的充分性
监管技术	有机会接触上司，上司有能力、公正
人际关系	与上司、下属和同事的关系；工作中的社交质量
薪　水	薪酬总额，包括工资、奖金、养老金、公司其他与财务有关的福利
地　位	职位或相对于其他人的级别，以头衔、办公室大小、办公室装潢程度等为标志

（续表）

工作保障	没有不安全感，如失去职位或完全失去工作
个人生活	工作对家庭生活的影响，如压力、额外加班或由工作产生的搬家问题
工作环境	工作的实际条件，如可用的设施、通风、工具、空间、噪音和其他环境因素

■ 结论

20世纪70年代，我在伦敦参加过弗雷德里克·赫茨伯格的一个研讨会，当时有很多人参加了研讨会，会后我与他会面。毫无疑问，他本人十分热切地认同自己所从事的事业：他是我们这个时代早期的伟大管理大师之一。

他提出的所有"保健"因素，尤其是薪水因素是否正确，还有待考察。但他的总体观点是：某些和工作相关的因素如果出现问题，就会引起人们对工作的不满，但是这些因素不足以作为积极的激励因素。在我们看来，他的观点是有根据的。我曾见过在很舒适的工作环境中，员工的士气却很低。相反，我也曾见过在不可避免的糟糕的工作环境中，员工的士气很高。

你作为管理者的职责在于确保"保健"因素的良好。这虽不能确保你成功，但忽视这些因素可能导致你无法成功。在继续读本书之前，也许你需要完成下列的核查表。为了确保这些因素被充分考虑，你可以影印一份这张核查表并将它发给你的团队成员。

检查表：你企业的"保健"因素		
	是	否
工作环境是否干净、宜人？	☐	☐
噪音等级是否在可接受的范围内？	☐	☐
健康和安全记录是否良好？	☐	☐
人们是否有合适的工具和设备来完成他们的工作？	☐	☐
社交设施与福利设施好吗？	☐	☐
管理不善的组织变革是否会导致个人压力？	☐	☐
是否有很多人签的是短期合同？	☐	☐
是否已采取措施提高每个人的就业能力？	☐	☐
工资和其他报酬是否公平？	☐	☐
管理层和员工之间有"我们"和"他们"的分隔吗？	☐	☐
在过去的6个月里，是否有人因为职位下调而失去了地位？	☐	☐

06

激励因素

工作不是诅咒，但苦差事是。

——亨利·沃德·比奇（Henny Ward Beecher）

接下来，赫茨伯格和他的同事们开始研究激励因素。如前一章所述，排在前两位的能够让人感到满意的因素是"成就"和"认可"，接下来分别是工作本身、责任、提升和成长的可能。通过回顾所有变量，团队认为"成就—认可—责任—工作本身—提升"形成一个复合体或集群，在短期和长期内都高度相关。当一个人的工作环境中存在以上某些或全部因素时，他从中获取的满足使他进入一个对工作异常积极的时期。出于环境、职业或个人原因，各因素的相对强度可能会有所不同，但从整体上看，这一复合体描绘了工作满意度的特征。

■ 什么可以激励你

表面上，"满意因子"和"不满因子"之间的不连续性以及它们的相对持续时间可以通过下列图表来显示。我复制了赫茨伯格在《工作激励》这本著作中提出的原始的图表模型。对此模型，他是这样描述的：

与中心区域的距离表示在高工作态度序列和低工作态度序列中每个因素发生的频率高低。方框的宽度代表长期与短期态度影响的概率；方框越宽，这一因素导致长期工作态度改变的概率越高。在图中，认可和成就被涂上阴影，表示它们的影响大体上是更加短期的。

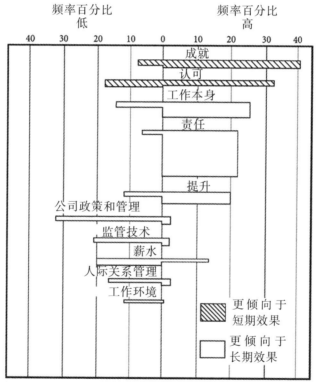

"满意因子"与"不满因子"比较

工作本身、责任感和提升这些因素构成"高工作态度"的主要方面。当受试者对自己的工作感到不满意时，这些因素很少出现在他们的故事中。这些激励因素集中于工作本身，而"不满因子"一般和工作环境有关。薪水有短期的令人满意的激励效果，但就对工作态度的影响而言，研究小组得出结论，它更有可能成为"不满因子"，而非"满意因子"。在受试者讲述的那些负面的故事中，薪水往往反映出公司工资政策或制度中的不公平；而在那些正面的故事中，薪水往往伴随着成就。薪水不仅仅意味着金钱，它意味着工作做得好，它意味着个人在工作中不断进步。

根据对二级因素的分析，赫茨伯格和他的同事们总结道：

> 个人成长感和自我实现感是理解积极工作态度的关键。我们将一级因素"成就—认可—责任—工作本身—提升"定义为因素的复合体，这个复合体带来了"个人成长"和"自我实现"。在后面的讨论中，我们将对这些目标的基本需求作为理解工作态度的核心。

短期的积极情绪可以被看作是这些基本需求的"部分增强"。这些满意因子被赫茨伯格称为"激励因素"。这些因素可以被分为六类，如下表所示。

激励因素

成　就	具体的成功，比如工作的成功完成、问题的解决、证实，以及其可见的工作成果
认　可	任何被认可的行为，不管是引起注意还是得到表扬。具体可以分为：认可与具体奖励兼有、仅认可
成长的可能	工作环境发生变化，职业成长机会增加。除了晋升带来的新前景外，还包括在现有情况下增加学习和实践新技能或获取新专业知识的机会

提　升	提高工作职位或地位
责　任	被赋予真正的责任，同时被赋予与责任相称的必要权力
工作本身	实际的工作或工作的各个阶段

你可能已经注意到赫茨伯格在表格中列出了6个激励因素，但是只有5个出现在他们最初研究的模型中（"满意因子"与"不满因子"比较）。原因似乎是赫茨伯格把这5个因素综合起来，称之为成长或自我实现。就我个人而言，我认为这不太准确，因为表格中的"成长的可能"这个类别是可以和其他五个因素区分开来的。你怎么认为？

赫茨伯格将"保健"因素与他所说的"回避需要"或人类避免痛苦或不愉快的倾向联系起来。他现在将激励因素直接与"人的最终目标是自我实现"这一概念联系起来。

在实际工作中，如果工作能够满足职业发展和发挥创造力的相关需求，这种一般的基本需求就会得到一定程度的满足。而如果这些可能性本质上无法在工作中实现，那么企业就需要在"保健"因素方面给予员工大量的补偿，以调整平衡。激励因素满足创造力需求，而"保健"因素满足公平待遇需求。因此，必须提供合适的刺激物，以实现理想的工作态度和工作绩效。

比较赫茨伯格与马斯洛

将赫茨伯格的理论与马斯洛的理论对比，是一件很有意思的事情。

你会发现，他们对于"自我实现"都有相同的假说。然而，与马斯洛思想中的整体论相反，赫茨伯格采用的是两分法。人类行为连续体的两端或两极现在很有可能呈现出质的差异。通过记录这一现象与工作的关系，赫茨伯格间接地促使人们关注马斯洛所列出的需求的不同特征。例如，生理、安全和社交需求如果得不到满足，可能会引起不满。然而，另一方面，根据赫茨伯格的说法，这些因素无法带来工作中的满足感。相比之下，满足自尊、自我实现或专业成长的需求，可以带来更积极、更持久的满足感。通过这种方法，我们可以试着调和马斯洛和赫茨伯格两种研究范式之间的矛盾。

顺便说一句，赫茨伯格的"激励保健论"相比马斯洛的连续体模型有某些优势，因为我们的大脑倾向于感知对比。如果某物能用黑白两色清晰地描绘出来，并且轮廓鲜明，我们的大脑就会记录下来。这就是为什么老师总是自然而然地倾向于使用二分法（这和运动是一样的——如果某样东西静止不动，大脑往往不会察觉到它）。因此，赫茨伯格的二元框架在教学中具有刺激和引导的作用，为学生建构了视觉草图。但是到了一定程度之后，它就显得过于简化。我们可以将他和马斯洛之间的明显矛盾解读为：他与马斯洛有不同的思维方式，但是他的理论相比于马斯洛来说不存在根本性的变革。

▌正确看待赫茨伯格

赫茨伯格和他的同事们承认，他们是按照从特殊（以204名匹兹堡地区的雇员作为受试者）到一般的推论方法得出了研究结果。由于受试者并未在"因素"和"影响"两个主题分析中凸显出个体差异，他们认为研究结果的适用性突破了小样本研究的限制。他们预测，在更广泛的教育背景和职业背景下开展类似研究，会揭示出更大的差异性。例如，他们预测，如果对常规装配线工人展开研究，研究结果可能会显示出更少的"满意因子"；而另一方面，不同教育背景或职业背景下，员工的不愉快经历特质可能变化不大。

在出版于1968年的《工作与人的本性》（*Work and the Nature of Man*）这本著作中，赫茨伯格汇报了17个基于原始研究的复制研究的结果。在这些研究中，他使用了相同的研究方法，在其他研究者的指导下，以不同职业和国籍的人作为研究对象。这些研究对象涵盖了：

◎ 芬兰主管。

◎ 职业女性。

◎ 医院护士。

◎ 科学家。

◎ 生产主管。

◎ 女性装配工。

◎ 医院杂工。

◎ 匈牙利工程师。

◎ 技工。

赫茨伯格得出结论，认为这些研究证实了他的"激励保健论"。这些研究和匹兹堡研究之间的分歧都可以被解释。比如，在后来的研究中，薪水仅仅被提到过一次，作为一个显著的"不满因子"，而非"满意因子"。在早期研究中，赫茨伯格就曾提出"金钱主要属于保健因素或工作环境因素"的论断，而之后的这些研究发现恰恰为他的早期论断提供了理据。具体如下：

◎ 当与不满意事件相关联时，薪水的负面效应比与满意事件相关联时的正面效应持续的时间要长得多。

◎ 消极的金钱因素总是反映出工作者对其他"保健"因素的不满，而积极的金钱因素则伴随着工作者显著的进步。

◎ 所有的"保健"需求都与薪水有关，因此，薪水是所有工作领域中最明显、最易传达和最具宣传价值的因素。工资渗透在人们看待工作时的想法和表达中。在这种情况下，薪水似乎通常被认为是个人的"满意因子"，这并不为奇。如果很多的"保健"需求都可以通过金钱来满足，那么人们很难不将它想象成幸福的源泉。

还有一种"反转"的现象，如赫茨伯格所描述的，"激励因素"被报告为"不满因子"，反之亦然。而赫茨伯格对这种现象的处理引出了其他问题。在17个被调查的组群中，赫茨伯格在3个组群中发现了工作中人际关系对工作满意度的积极影响。这其中第一个组群由公用事业公司的一组下级主管组成。他们报告说，与下属相处使他们更快乐，而不与下属相处使他们不快乐。赫茨伯格认为这一发现与主管的管理水平和他们工作的组织类型有关，将这一发现作为"激励模式中的一种病理或疾病"的证据。我觉得这个结论很奇怪。事实上，赫茨伯格将"监管"（他从未将之称为"领导"）归为"保健"因素这一观点固执地忽视了这样一个事实：在许多情况下，人际关系既是工作的内在因素，又是外在因素。他试图对"人际关系"和"监管技术"做出的区分并没有改变他对良好领导力所起的激励作用的低估。

赫茨伯格似乎对管理有一个奇怪的僵化的想法。他似乎根本没有想到各级领导可能会意识到并满足员工的需求。他的著作中完全没有提到良好的领导对确保成就的重要性、责任下放和为员工安排挑战性任务的重要性。尽管他确实提到，如果要使员工对工作产生内在的满足感，良好的监管很重要。

对在政府部门供职的两类职业女性的研究中，赫茨伯格发现她们在与下属和同事的有效人际关系中找到了一些满足感。对此，赫茨伯格持轻慢的态度。在赫茨伯格的"理性解释"中，这些天真的感情被解释为"动机上的疾病"，这种"疾病"是由女性在男性主导的职场中竞争而产生的不安全感造成的。这些评论说明了赫茨伯格对"满意"和"不满意"，"工作内容"和"工作环境"的二元切分所带来的风险有可能衍生为"普罗克汝斯忒斯之床"[1]，所有的经验，都必须经过适当的剪裁和修整，以适应这张床。事实上，正如我们将看到的那样，有相当多的证据表明，领导力和良好的人际关系有助于提升工作成就感和个人工作满意度。

正如你可能已经猜到的，"满意因子"和"不满因子"是二元对立的这一假说受到了挑战。后来的研究表明，内在因素可能成为"不满因子"，而外在因素（或环境因素）可能成为"满意因子"，从而模糊了二分法的尖锐边缘。前面提到的"在工作中获得满足感"和"对工作满意"之间的区别是很有用的。但是，那些试图对和"赫茨伯格争议"有关的文献进行公正评述的人们已经得出了结论：内在和外在的二分法并不能充分反映人们对工作的积极和消极态度的来源。简言之，他们认为二分法是一种过度简化。

积极一点地看待赫茨伯格，他和他的同事们所进行的研究，以及他

---

1 源自古希腊神话典故，比喻强求一致的政策。

的理论所引发的研究，至少证实了这样一种观点：在企业和大型组织中，工作可以成为满足人类广泛需求的一种手段。还有一个重要发现是：如果工作不能提供足够的条件来满足较低的需求，那么这份工作肯定是让人失望的；而如果人们同时还失去了获得更多内在满足的机会，那情况就更糟了。

有着灰白头发的赫茨伯格拥有丰富的来自研究对象的故事，有研究后盾，并且制作了视频来说明他的观点。他本人就是世界各地公共平台上的预言家。在我的记忆中，很多人为他的研讨会狂热。他认为产业性工作和任何其他形式的工作一样，都应该服务于自我实现的人道主义目的，而不以此为目的的工作都应该被改进或者自动消失。他的这一观点几乎被奉为福音。

> 如果建造一座桥不能丰富造桥工人的意识，那么这座桥就不应该被建造。
>
> ——弗朗兹·法农（Franz Fanon）《全世界受苦的人》（*The Wretched of the Earth*）

赫茨伯格认为，在机械化或自动化不存在的情况下，"保健"因素，例如高额的经济回报，必须发挥作用，对从事繁重工作的工人们进行补偿。但是，有了对人性的新信念和专业创造力，大多数工作都可以变得充实，工人们可以通过工作获得更多的内在满足感和外在奖励。

就三环模型而言（见第7章），赫茨伯格明显地强调了"任务"这一环的相关因素：成就、认可、责任、工作本身、成长的可能。这些因素被认为是动机和对工作高满意度的核心。但是他低估了"团队"这一环，没有看到团队或组织作为成就感和动机的潜在来源，很多时候，这些已经成为实际来源。他对经理和主管的评价完全没有切中要点。而英国的一个研究项目明确地表明，研究中的很多车间工人认为他们的主管是他们的支撑力量和激励源泉。顺便说一句，这个研究还指出，70%的有满足感的员工认为他们的工作有趣、多样化、具有挑战性，并给他们带来更多的机会来取得成就和发挥自己的能力，而从事同一工作的另外30%的员工则持不满意的态度。很明显，个人态度和价值观的差异不可避免地造成了对同一份工作的不同态度。

矛盾的是，尽管赫茨伯格对管理领导力的重要性并未提及，但他所说的改革或丰富工作岗位计划的实施却完全取决于领导力。

结论

更持久或更深层的工作满意度与赫茨伯格所讲的"激励因素"密切相关：成就、认可、工作本身、责任和提升。对他来说，这些加起来就是工作所带来的"成长"维度，即工作的"自我实现"属性。

赫茨伯格在"保健"和激励因素之间做出如此尖锐的切分，揭示了所谓的"二元价值取向"。这种非黑即白的思维有助于我们对概念的消化理解，但也可能导致过度简化。薪水因素需要被"裁剪""修剪"，才能适应"普罗克汝斯忒斯之床"。关于这个因素在激励中所起的作用，我们会在后面的章节中进一步探究。即便如此，我们也已经看到了一些证据来证明：对很多人来说，如果你有足够的钱，钱就不再起激励作用。同样，如果你觉得自己的工作得到了不公平或不充分的回报，金钱因素也会让你非常不满意。

　　赫茨伯格提出的激励因素为你提供了一个有用的核查单，用于评估组织中的每个角色或每份工作。这些激励因素是完成工作所需的一些主要营养素。作为一名管理者，你应该考虑充实工作或赋予员工权力，这样才能为他们带来真正持久的满足感。在本书第三部分中，你要考虑的7个策略都反映了激励因素的重要性。通过将这些激励因素付诸实践，你可以为那些以合作伙伴的身份为你工作的员工注入职业精神。正如著名的陶艺家伯纳德·利奇（Bernard Leach）曾经说过的那样："在工作中，你不能让人们饿得太久。"

◀ 第二部分 ▶

在理论与实践之间架起桥梁

我们在第一部分中探讨了有关动机的哲学概论和理论框架。如果你不使用这些理论和框架，它们很容易就被遗忘在你脑子中的某个"文件箱"，或者成为你书架上一本不常翻看的商业教科书。即使有人知道所有理论，他们在现实实践中可能还是仅仅使用"胡萝卜加大棒"的简单方法。

第二部分就像一个铁路枢纽，前6章中的各条"铁路线"汇聚于此，帮助你建构作为一名实际领导者的自我概念。各条"铁路线"汇聚之后，转化为可行动的方案，也就是我们将在第三部分中讲述的内容。

读完这部分，你应该可以做到如下几点：

- ◉ 理解激励理论，并在三环模型的背景下研究你作为管理者的核心职责；
- ◉ 明确领导力在人员管理中的作用，特别是在激励方面；
- ◉ 坚定认同，充分发挥你作为管理者的技能。

07

三环模型

在探索了各种值得我们注意的动机理论和研究之后，我们需要把这些线索联系起来。我们如何才能充分理解这些理论呢？

我认为，三环模型为我们提供了一个最好的框架，可以用来从不同的角度看待个人的需求、动机和价值观。在接下来的章节中，我将使用这个模型的组成部分——任务、团队和个人——来总结、解读案例。然后，以此为跳板，我们进入第三部分的讨论。在第三部分中，我们将探讨你和你所在组织机构都可以应用的7个策略，以便你能够激励员工"人尽其才"。

▓ 需求的重合

在《高效领导：成功领导的修炼指南》这本书中，我提出，工作团队或组织机构实际上存在三个相互重叠的需求领域：完成共同任务的需求、团结一致的需求以及组织成员作为"人"的需求。三环是动态的，它们中的每一个在"磁场"中都有自己的动力。这些"磁场"积极互动或消极互动。

需求的三环模型

如果任何一环产生积极变化，需求的三环都会相互影响。比如：

◎ 就共同目标而言，成就往往会建立一种团队认同感——也就是一些人所说的"我们的感觉"。胜利弥合了人与人之间的心理鸿沟，士气自然高涨。

◎ 良好的内部沟通和建立在过往成就基础上的团队精神使一个团队更有可能在其任务领域取得好成绩，同时也为个人提供了一个更令人满意的氛围。

◎ 如果一个人的需求得到认可，并且认为自己能够为任务和团队做出独特的和有价值的贡献，那么他/她更有可能在这两个方面都取得良好的成果。

在三环模型的背景下，你可以看到个人意义的建构如何依赖于其他两个方面。我们可以先举个马斯洛所说的生理需求的例子。你要满足你的生理需求和你家人的生理需求。早在原始时期，我们祖先的狩猎活动和采集活动就是以工作组和团队为基础的聚集性活动。狩猎、采集之后，人们按照传统的方式交换、分享食物。负责狩猎的男人和负责采集的女人可能会在他们的家庭中分享肉、蔬菜和水果。后来，逐渐发展出以物易物的做法，这也是贸易的开端。人们用食物来交换手工制品。大约3000年前，铸币的逐渐引入为我们带来了比以往更好的交换手段以及更为便捷的财富储存方式。我们现在得到的不是一份狩猎战利品或捕获物，而是钱。用这些钱，我们可以为自己和家人购买食物，并为他们提供一个安稳的环境。通过工作，我们满足了个人的食宿需求，以货币为中介。

三环相互影响

	需求的互动
任务	如果一个团队的任务失败了，这将加剧团队中存在的分裂倾向，并降低对个人需求的满足
团队	如果团队缺乏团结或和谐的关系，这将影响工作表现和个人需求
个人	如果一个人感到沮丧和不快乐，他/她将不会对共同的任务或团队的生活做出最大的努力

对于安全，一个长期的工作就可以缓解这些需求。养老金是另一个关键因素。一些人比其他人更需要工作保障和经济保障。有些雇主不能提供全面的工作保障。当年，我曾是一名公务员，那就是一份终身保障的工作。

在这个层面上，我们要注意到"个人"和"任务"之间的矛盾。有些任务是有风险的，而这种风险经常会威胁到个人最基本的安全需求。比如，我曾从事捕鱼业。在这个行业中，由渔船故障和海上事故造成的死亡率仍然相对较高。

但是，个人需求的概念远不止我们自己和我们的孩子对食物的需求，以及对安全的需求，尽管这些需求是最基本的。我们还有社交需求。如我们所见，公司、团队、大学、教会等组织在满足我们的社交需求方面都发挥了很大的作用。当出于某种原因不能再去工作时，大多数人都会怀念工作中的友情。

共同完成一项任务为公司和个人的成就提供了机会。成就可以建立自信，获得他人的认可，从而满足你的自尊需求。当然，你的自尊并不仅仅来自你为之贡献的任务或团队。但是，无论过去还是现在，这些都起着重要作用。国家可以给失业者发钱来支付食物和住房费用，也可以给他们一定程度的经济保障，但是无法帮他们赢得他人的尊重：那种和别人合作，共同完成任务带来的尊严。因此，长时间的失业会有损一个人的自尊。

还有马斯洛提到的自我实现。你也许还记得，马斯洛认为，如果要满足这一需求，一项共同的外部任务是必不可少的。

通往自我实现的陡峭而崎岖的道路

通过投身于有价值的、重要的工作而获得的自我实现，也可以说是通往人类幸福的道路（与其说幸福是直接获取的，不如说幸福是一种附属品，一种副产品，是对美德的间接回报）。另一种方式——寻求个人救赎，对我见过的任何人都不管用。个人救赎就是一种自省：一个人能躲在某个地方自我反省。我不否认，这可能对某些印度人和日本人有效，但就我个人经历而言，我从未见过这种方式对美国人有效。我所知道的幸福的人都是那些在他们认为重要的事情上工作出色的人。我在我的演讲和以前的著作中都提过这一点，这是我所有那些实现自我的研究对象所认同的普遍真理。他们都表达出对某项伟大而重要的工作的奉献和认同。每一个案例都不例外。或者我可以直截了当地说：救赎是自我实现工作和责任的副产品。

——亚伯拉罕·马斯洛《优心态管理：一本日记》(*Eupsychian Management: A Journal*)

有趣的是，最近的一些研究表明：尽管人们大多时候不喜欢高要求的工作，但是他们确实需要任务中有一些高要求的元素。在描述这些研究之前，我们有必要对"任务"的概念进行简单的探讨。

■ 任务的本质

我们的工作任务，同税收有着同样的根源，它本来是指封建领主征收的一种税或一种服务，因而可以理解为人们的某种义务，某种被强加的、需要承担的工作。所以这个词带有一些"艰难""不愉快"的弦外之音。任务是人们必须完成的，需要人们付出对应的努力。

任务是被安排的

接下来，你需要注意到"任务"是被"安排"的。一项任务通常是由某个上级（如教师或雇主）指派或强加给你的。或者，任务不是由人安排给你的，而是受环境或情况所迫，你必须要完成的。如果你和你的同伴们在太平洋岛屿上遭遇海难或在南美洲丛林中坠机，那么新奇的环境将迫使你完成一系列任务。你需要建造住的地方，需要找寻食物和水源，需要照顾生病或受伤的同伴，需要计划救援行动。

可以说，任务这一概念的关键在于团队或个人之外：它是需要被完成的。任务是由合法组织或情境指派的，没有给你太多的选择余地。自然任务是人在自然环境中生存必须要完成的，比如，我们需要吃饭。对所有人来说，基本任务都是寻找足够的食物以维持生命。因此，史前的狩猎和采集活动在本质上都是任务活动。

但这也并不意味着团队成员不能聚集在一起确定或选择自己的任务。我知道一个由四五个商人组成的小群体，他们每年都组织在世界各地的险要地点徒步。因为他们享受一起完成任务的过程，至少回顾过去，他们在运动和休闲中创造了在一起做事的机会。

只工作不娱乐

今天的工作失去了许多传统的特点，游戏也失去了许多传统的特点。游戏逐渐变为有组织的运动；反过来，运动又越来越类似于工作，它们同样需要艰苦的训练和准备，需要教练和运动员的积极参与，还要考虑现实的经济产出。在最后一个悖论中，只有那些原来是工作，后来转变为运动的活动，如打猎和钓鱼，现在仍然受到游戏精神的支配。

——约翰·塔拉米尼（John Talamini）和查理斯·佩奇（Charles Page）《体育和社会》（*Sport and Society*）

我们为自己设定了攀登的山峰——无论是真实的还是隐喻的。但即使这样，任务仍然有种"强加"的意味。任务就在那里，在我们自己之外；它是一种挑战，一旦我们接受了它，我们就有责任或义务去完成它，不管多苦多难。不然，为什么登山者要忍受因为冻伤而失去手指或脚趾的痛苦呢？

工作如何带给人满足感？

英国心理学会的会议上有人说，没有什么比工作更能让你满意的了。曼彻斯特大学的约翰·霍沃斯（John Haworth）博士说，没有工作的人经常试图通过安排好休闲活动以追求同样的满足感，但是结果并不尽如人意。

他发现，休闲活动的问题在于没有主管督促你去做你不愿意做的事。而克服心理上的不情愿、完成一件不合意的差事可以给你带来满足感。

除了经济上的回报，工作可以为员工带来合理的时间安排、社会交往、集体目标、认同感和丰富规律的活动，从而提升员工的幸福感。

对年轻失业者的研究表明，这些福利可以在工作之外获得，通常是通过一些类似工作的活动以及休闲活动；参加这些活动的人通常会更快乐，自我感觉更加良好。然而，他们所获得的报酬仍然低于实际工作。区别在于动机。在工作中，除了坚持本来可能放弃的任务，你别无选择，这最终会产生一种满足感和幸福感。自我激励的休闲活动

73

> *EFFECTIVE MOTIVATION*
>
> 很少能产生同样的效果。
>
> 　　在管理者中，集体目标感和地位感是获得高度自尊的最重要途径。在闲暇时间，积极的追求往往与满足生活需求联系在一起。
>
> 　　霍沃斯博士总结道：失业带来的挫败感可以被减轻，而工作带来的成就感很难被模仿。
>
> ——选自《泰晤士报》(*The Times*)

　　上述研究除了对三环模型提供了一定的印证外，还具有现实的政治和社会意义。这些发现是如此重要，值得《泰晤士报》的首席作家们对它进行专题点评（下列点评中的加粗部分是我标注的）。

　　研究暗示了：大多数人认为充实的人生所需要的自尊和满足感需要在有偿工作中实现。换言之，无论休闲娱乐多么有价值或让你充满活力，它都不能给你带来在"正当"工作中获得的目标感和自尊感。

　　研究并没有简单地将这种独特的满足感等同于"获得酬劳"。在为生计工作和为爱好工作之间，似乎有一种更微妙的心理差异，不管你对爱好多么投入。根据对研究对象的问卷调查，**工作对你的限制正是带给你满足感的源泉**。这些限制因素包括时间安排、社会联系、共同目标、社会身份或地位、常规活动。通俗来讲，这些限制因素意味着你必须在特定的时间和地点完成任务，和各司其职的团队成员一起为某个更大的共同目标而努力，并且以一种约定俗成的、惯常的方式完成任务。

　　有偿工作不是个人的一时兴起，而是受某些"外在动机"所驱使，这使得有偿工作成为更具价值的心理健康来源的关键因素。外在指派的目标和结构让企业更有信誉。在休闲活动中，即使是对社会有用的活动，创造个人目标和时间结构的自由也常常使活动退化为一种开放式的活动，在这种活动中，人们很难保持目标感。

人们特别提到，**在工作中，他们经常会完成最初并不喜欢的事情。他们克服了阻力，完成了这项任务，这给了他们一种满足感，这种满足感是工作之外的事情所难以比拟的。**

你会注意到我们需要的并不总是和我们想要的一样。帮助人们克服对必做之事的厌恶感（尤其是在涉及变革的情况下），显然需要领导力。驴子并不总是喜欢障碍赛跑，但是在正确的领导下，它可以像飞马一样狂奔。

> 啊！人们能到达的高度远超过他的能力。不然，我们还要天堂做什么？
>
> ——罗伯特·布朗宁（Robert Browning）

■ 结论

工作中有三个相互重叠的需求领域，每个领域都有其激励机制。它们可以被比作红、绿、蓝三色重叠的地方，光在这里被折射。正如电视画面是由点和这三种主要的附加色（以及它们重叠的三种次要色）组成一样，工作中的日常生活也是由任务、团队和个人的复杂互动组成的。但只有当你往后站的时候，你才能看到这三环独立的形状。

任务中的困难和需求、任务中的"他者性"或"给予性"与人性是一致的。当然，前提是所讨论的任务有价值。你被迫完成的、毫无个人意义的工作只能算作苦差事，这种工作就像推磨一样。

三环模型为我们提供了最有用的关于领导者核心职责的示意图。在本章中，它还帮助我们：

◎ 了解了动机理论家的贡献。

◎ 正确看待这些理论和贡献。

◎ 将理论应用于实际工作中。

08

平　衡

想象一下，三环模型中的任务、团队和个人是三个红色、绿色和蓝色的大气球。你有一个供应有限的气瓶。你可以把气球均匀地充气，也可以把更多的气体放进其中一个气球里，而牺牲其他的气球。如果你有意识或无意识地选择了后一种做法，会导致模型发生扭曲。

在这幅图中，"任务"被吹得很鼓，"个人"被挤压。弗雷德里克·泰勒强调对生产率的科学管理，不惜牺牲"个人"和"团队"，就是图中这种模式。

尽管在工作情境中，任务确实应该被优先考虑。它处于三环的顶端，需要被强调。作为一名领导，你应该特别关注任务，但同时也不能无视其他两环。

在上面扭曲的三环模型中，"个人"被视为"任务"的附属，仅仅是实现任务目标的一种手段。高工资可以被用来补偿这种附属地位。而同时，"个人"也许会付出身体健康和心理健康的某种代价。

老板和管理者往往更倾向于这种行事方式，因为很多公司都是受利润动机驱动的。这就是工会和行业协会产生的主要原因：保护和促进个人的利益，而不是任务和团队或组织的利益。

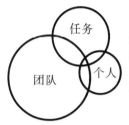

在这幅图中，团队或组织这两环被强调，某种程度忽略了"任务"，更大程度忽略了"个人"。和埃尔顿·梅奥以及霍桑实验紧密联系的"人际"学派，就是图中这种模式。

这种过分强调团队价值和归属感的极端需求，可能反映了大多数人个人发展的一个阶段。它刻画出第二次世界大战后美国社会的某些特征。它还是日本社会的一个显著特征，在日本的社会文化中，人们倾向于把团队或组织放在首位。

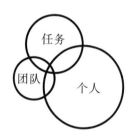

在这幅图中，被放大的"个人"挤压了"任务"和"团队"，后两者被认为不如"个人"或"自我实现"重要。马斯洛和赫茨伯格的理论属于这一阵营。

马斯洛和赫茨伯格的理论某种程度上是对"任务"和"团队"过度膨胀的过度反应。在这个层面上，它们发挥了必要的作用。通过对个人需求与动机的强调，它们让我们能够调整"充气阀门"并重新获得平衡模型。

当然，三环显示的大小是相等的，并不意味着它们在任何时候都应该受到领导者同等的关注。你很可能必须在某段时间内以任务为中心。即便是以任务为中心，作为一名好的领导者，你也要花时间来加强你的团队，鼓励团队中的每一个成员，因为他们受到鼓励，就有可能会像你一样努力工作。对与人相关的两个环，你都需要去投资。如果你不这样做，那两口井就会干涸。它们是你的油井——你所拥有的一切能量的来源。

▉交易关系和转换关系

如何把期望理论和三环模型联系在一起呢？如果你将模型转换到公司层面上，则如下图所示：

三个核心领域

你可以看到，单个环是保持不变的。当你进入某个组织，首先你会签一份法律合同，合同中会列出组织对你的期望和你对组织的合理期望，包括：

◎ 你的工作职责（岗位描述）。

◎ 你和其他成员的关系（你的位置）。

◎ 你提供服务所获得的经济报酬。

最后一条相当重要，因为钱是我们主要的交换手段；马斯洛列出的许多需求（包括你的家庭和你自己的需求），都将以这种方式得到满足。

事实上，正如我们所看到的，在人类共同事业的背景下，更多的非金钱或非物质需求或动机将至少得到部分满足。让我来重述一下"团队"维度和"任务"维度如何满足马斯洛提出的五组需求。

个人需求和任务、团队的关系

个人需求	任务 / 团队
生 理	完成工作会得到报酬。用这些钱可以为你和你的家人去超市买食物、还房屋按揭贷款
安 全	金钱可以用来支付保险，可以用作养老金。就你的身体安全而言，团队是至关重要的。航空公司的飞行员相信工程师能拧牢汽油盖
社 交	工作中的团队，或者更确切地说是团队网络，比如项目组和组织本身，在这里至关重要。还有与长期供应商和客户的交往
尊 严	你可以给失业者提供食物和住处，但却无法让他们获得别人的尊重。尊严是通过作为团队中有价值的成员，和团队一起追求共同任务目标而获得的
自我实现（特定意义上的）	自我实现是承诺和努力工作的副产品。你被工作所吸引并为工作竭尽所能，由此获得自我实现。没有其他更容易的路线或捷径

在与组织签订合同的过程中，你也会自己盘算，也许会依据期望理论来权衡。这份工作值得我努力去做吗？薪水怎么样呢？我期望获得什么？他们对我的期待又是什么？

组织和你自己都会评估你们之间共同兴趣的重叠程度。组织想要知道为你提供的机会和经济回报是否足够激励你。而你无疑也会问同样的问题。

但是这种由法律合同所支持的理性计算，仅仅是故事的开始。法律合同规定的一方对另一方的最低要求与在共同目标下一方对另一方的潜在付出之间，是有很大差别的。

在第三部分，我将描述7种激励别人发挥全部潜能的方法，这不同于勉强达到法律合同所规定的最低要求，甚至也不同于稍高于平均水平的努力和认同。但是，考虑到互惠和等价交换的法则，我现在想说，除非你是最好的，付出最多的，否则你永远不会得到最好的。那些想沿着这条路走下去的组织机构面临的不是一场轻松的旅程。比如，这需要管理者蜕变为领袖。领袖奉献自己，才有可能赢得同样的回应。

通常只有一些特殊的情况，比如一场大危机，才能唤起人性的真正荣耀。但人性的荣耀一直在。很多情况下，当个人为了某种事业或爱情而超越自我时，他们就感觉自己是伟大的。这种伟大的精神需要好的领导去发现并回应。领导要与其同事之间形成一种信任和相互奉献的心理契约，这种契约非常强大。这必须是双向的，尽管这一点的达成通常依赖于领导的慷慨态度和行为。

建立这种基于互信的心理契约是管理的核心。如果你的组织真正追求卓越，这就是它所面临的挑战。

■ 结论

总之，有一些关于人性的初探性原则，可以作为本书两部分（实践和理论）之间的桥梁。对人的考量既要现实又要有远见，这不是一种常见的天赋，但这是你作为领导者的使命。尽管人们是自相矛盾的、不可预测的、神秘的，他们在那些认可自己能力和潜力的人面前，将会显示出人性中的伟大。

◉ 我们是个体，但我们也是整体中的一部分，真正的自我只有在与他人交往中和从事有意义的工作中实现。

◉ 我们有创造力和想象力，但是我们需要与他人合作，无论我们是独立工作还是在团队中工作。

◉ 我们确实喜欢追求成就，但只有我们作为团队的一分子时，我们的个人成就才是真正有效的。

◉ 我们是自我激励、自我导向的，但我们仍然会在自己的领域寻找可以领导我们的人，为的是让我们的活动与他人协调并时不时地提醒自己"我们是谁"。

◉ 我们足够聪明，知晓外在奖励（如金钱）与工作中非有形却真实的内在奖励之间的区别；根据我们的个人价值体系，两者都很重要，只是程度不同。

◉ 我们有一个潜在的愿望，就是让世界变得更好。如果我们的工作能为此做出贡献，即便以我们自己为代价，这也会给我们带来不可估量的好处。

任何对人性的描述都不可能是完整的，但你只需要对与你打交道的90%的人有90%的正确认识。当然会有糟糕的日子，也会有例外，但人们会对有远见的人做出回应。这种远见要既现实又令人振奋，正如我在前文中所勾勒的那样。

如果你认同别人的实然状态，他们就会保持现状。但如果你认同别人的应然状态，他们会成为更好的人。

——歌德

09

领导力和激励

作为被任命的领导，你有责任满足三种重叠的需求。这并不意味着你要自己做所有的工作。但如果你是管弦乐队的指挥，你就应该确保所有管弦乐队的成员都在各个方面作出应有的贡献。

领导力的核心责任

▋领导力职能

显然，为了使工作组完成任务并保持团结，领导必须履行某些职能。在此语境下，我所说的"职能"是指满足一个或多个领域需求的任何行为、言语或行动，也可以称之为"领导责任领域"。比如说，定义目标、规划和鼓励团队都属于"职能"范畴。请参阅下面的完整列表。

领导力的关键职能

职 能	要 素
计 划	查找所有可用信息。定义团队任务、目的或目标。制订可行的计划（在正确的决策框架内）
发 起	向小组汇报目标和计划。解释为什么目标或计划是必要的。将任务分配给团队成员。制定团队规范
控 制	维持团队规范。控制节奏。确保一切行动都指向目标。保持讨论的相关性。促使团队采取行动／做出决定
支 持	对个人及他们的贡献表达认可。鼓励团队／个人。管教团队／个人。用幽默缓解紧张。调和分歧或指派他人去寻找分歧
告 知	阐明任务和机会。向团队提供新信息，也就是说让团队成员时刻参与其中，了解最新信息。从团队中接收信息。条理清晰地总结建议和想法
评 估	核验想法的可行性。检测某种解决方法的结果。评估团队表现。帮助团队成员根据标准对自己的表现进行自评

职能的名称和定义绝不是固定的。但是，确定任务、规划、信息发布、控制、支持（团队环和个人环）、告知（领导的联系作用）和评估等基本活动都是明确需要的，而且往往会在大多数清单上重复出现。

"这些职能中不应该有激励吗？"在一次研讨会上，有人问了我这个问题。在我回答之前，我的提问者自己解答了他的问题："但也许激励是所有职能运行良好的结果。"

■ 共同决策

　　团队成员应该有广泛的机会补充领导在前面所述三个领域中的工作。除此之外，我们很有必要研究一下领导者应在多大程度上与他人分享更广泛的决策职能。决策职能是确定任务和计划这些明确职能的核心。

　　在《哈佛商业评论》（*Harvard Business Review*）中的一个非常有价值的图表中，坦南鲍姆（R.Tannenbaum）和施密特（W.H.Schmidt）标绘出了"参与的可能"，如下图所示。图表可以被比作一个蛋糕：在一端，管理者几乎拥有全部，而在另一端，团队占了大部分。就领导者与团队成员之间的交易而言，这一连续体还说明了在一定的决策范围内可能的授权程度。

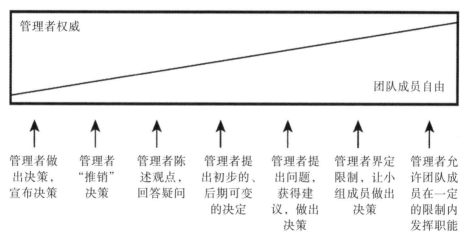

共同决策的连续体

　　很多人建议要尽量向连续体右侧偏移，因为人们对于直接影响他们的决策贡献越多，就越有动力去执行这些决策——前提是人们相信邀请他们参与决策的领导是正直诚信的。然而，形势的因素（特别是任务的性质和可供决策的时间）和团队因素（特别是成员的态度、知识和经验）自然会限制连续体向右偏移的程度。其他的限制因素还体现在领导的人格或特定组织机构的评价体系和企业文化中，这些与形势因素和团队因素一样，不是自然的或内在的。

有些团队和组织的工作形势有时是充满危机的，所以可供决策的时间非常短暂，生死攸关的问题取决于一个人的迅速决定，比如：手术团队、消防队、警察组、航空公司人员和军事组织。然而，这些团队并不总是处于危机状态，出于培训目的，如果没有其他原因，他们需要探索决策的衡量标准。此外，虽然他们不是总能参与终极目标的制定（即总目标、目的），但他们通常可以或多或少地充分参与对于达成目标的手段的决策（即方法、技术、条件和计划）。

我们应该把连续体看作是一个滑动的刻度，或是一个标有沸点和冰点的温度计，而不是在刻度上建立一个"最佳"的特定点或"样式"，因为这可能是徒劳的尝试。具体落到连续体刻度上的哪个点，这取决于团队或组织工作形势的特点。例如，军队中的一个新兵小队和化工公司中的一个研究小组肯定会有区别。

一个人为什么会成为领导？基于我的研究，我对领导者的总体判断或综合概念如下：

◎ 有一定的个人素养和人格特征，让他／她能够——

◎ 适应一般情况，并且——

◎ 掌握一定程度的相关技术知识，拥有一定的经验；

◎ 能够发挥必要的职能作用，领导团队为实现目标而努力，

◎ 同时，能够维护、建设团队以保持其团结一致；

◎ 合理地按一定比例分配个人工作和团队成员工作。

这些概念形成了一个框架，可以将领导力本质研究的主要部分集中在一起。

领导还是管理者？或者是二者兼具？

道格拉斯·麦格雷戈在《企业的人性面》（*The Human Side of Enterprise*）中提出，组织和管理者可以分为对人性不重视的（理论 X）和对人性高度重视的（理论 Y）。像麦格雷戈一样，那些对人性高度重视的人，确实倾向于将管理视为领导力的同义词。第二次世界大战让人们看到了强有力的领导者的作用，斯利姆勋爵（Lord Slim）也强力倡导管理中的领导力，这些都进一步鼓励一些人，用领导力来阐释管理。

领导和管理者的区别

首先，在军队中，我们不谈"管理"，谈的是"领导"。这很重要。领导和管理者之间是有差别的。领导和他的追随者代表了人类最古老、最自然、最有效的人际关系之一。管理者和他所管理的人是后来的产物，没有什么浪漫的、鼓舞人心的历史。

领导是一种精神，是人格和远见的结合，它的实践是一门艺术。管理是一种思考，更像是一种对数据、方法、时间表和例行程序的精确计算，它的实践是一门科学。管理是必要的，而领导是必不可少的。一个好的制度会催生高效的管理者，但有时我们需要的不只是好的管理者。

我们需要的管理者不仅仅是熟练的组织者，而且应该是受到鼓舞的，并能够鼓舞人心的领导者，他们最终可以行使最高级别的管理和

> 指导。聚集在这样的领导者身边的都是和他们一样的下属和技术专家，这些人组成了紧密团结的团队；他们的效率、热情和忠诚将是无与伦比的。越来越多的人认识到这一点，并开始寻求这样的领导。
>
> ——陆军元帅斯利姆勋爵
>
> （1957年在澳大利亚管理协会发表的一次演说节选，时任澳大利亚总督）

关于管理的一些碎片化概念仍然存在。为了能理解这一点，我们可以回忆一下，19世纪的管理人员和基层管理人员主要是从企业所有者已经雇用的职业阶层中挑选出来的，比如工程师和会计师。而现在，有点不公正地讲，工程师们被和机器绑在一起，而会计师被和数字绑在一起。二者都是有系统思维定式的。

这种对于系统的依赖（最终是对科学方法的依赖），源于早期工业组织管理中工程师和会计师的主导地位。这种依赖造成了管理概念和领导概念最微妙的差异：领导的概念中没有对系统的依赖。但是，随着一代代人的发现和自省，人们逐渐意识到系统只能解决一半的问题，另一半在于维持系统的人。

早期的管理者和他们的继任者将他们机械的假说转化为管理"人手"的实际问题。他们将人视为物，即系统中的螺丝钉。整个组织机构就如同一台机器，而作为管理者，他们的职责就是运行这台机器。提到"科学管理"的机械假说，不得不提美国工程师弗雷德里克·泰勒，他在1905年至1917年影响巨大。

抛开泰勒对人的看法不谈，他的学说确实标志着管理理念的发展进入了一个新阶段。他非常强调"计划"与"控制"的职能。最重要的是，他引入了系统和系统思维，也就是科学在管理中的应用，这为提高生产力带来了希望。

自20世纪成形，管理的概念在其存在的两三个世纪里，总是存在一些隐含的含义，这些微妙的含义就像彗星尾巴一样依附在管理这个概念上。其中一些现在被广泛认为是有问题的，比如人性和组织的机械论学说。

积极一点地说，行政管理，特别是财务管理仍然存在着一些"弦外之音"，仍然隐约或明确地与传统的管理概念有关。我认为做一名好的管理者至少是一名好的系统管理员。

领导这个概念也有一些明显的弦外之音。首先，"领导"和"变化"是两个紧密相连的概念。"变化"强调了对领导力的需求；相反，领导们可以在其他人还没有意识到改变的需求时，就发起改变。有时，管理者被认为是在实现其他人设定的目标（企业所有者、董事）。而领导对设定新目标负有责任，他们要思考组织机构的基本宗旨与不断变化、充满挑战的环境之间的相互作用。

在过去的二三十年中，人们还发现或重新意识到了"领导"这个概念的其他微妙之处。管理者通常通过平衡奖励和惩罚来激励他人；他们激励他人的方式甚至可能接近于操纵。领导者也会在某些时候奖励或惩罚下属，但他们还会通过以身作则来领导别人：他们激发人们的信心，并使人们对手头的工作产生真正的热情并做出承诺。有人说，你可以被任命为管理者，但是只有你得到了下属对你心悦诚服的认同，你才能成为一名真正的领导者。

所以，管理和领导之间是有重叠的。两者不应对抗、排除对方。从职能的视角去理解，管理的最佳状态实际上就是领导。管理者经常就是某个行业的领导者，当然也不总是这样。像所有的领导者一样，管理者在其他关系中也是别人的同事和下属；他们作为团队成员的角色也同样是必要和积极的。

没有脱离情境的领导，领导总是处于某种情境中。商业领导需要技术和财务知识：他/她还必须具备那些在该领域工作的人所要求的素质。管理者的领导应该厘清优秀管理者的典型品质。这其中应该包括对金钱、财产、时间等资源的良好管理。管理者也要尊重系统，使用系统，因为秩序和自由之间的平衡是组织的本质。

领导这个概念有特定的含义。它意味着方向感、远见和启发，这些与现代管理的各个层面都有联系。领导是由三方面的需求所定义的：

◎ 完成任务。

◎ 建设、维持团队。

◎ 激励、发展个人。

因此，这三个广泛、重叠的职能现在是你作为企业领导或经理的核心职责。注意，激励他人现在是你管理角色的中心环节。

高瞻远瞩

领导者和管理者之间的一个大的区别是，领导者更具有可见性。扮演这个角色，你可以根据情况的需要来提醒、鼓励甚至激励别人。在你被需要的时候，你要出现。

因此，作为一名领导者，你需要在保持超然的同时随时准备在必要时介入。我所说的超然不是保持遥远的距离或缺席。事实上，你要和员工保持密切联系。所以，你不该只待在自己的办公室，或者，更好的是，你根本没有传统意义上的办公室。

你为什么需要常常走动或去看看那些为你工作的人呢？最差劲的理由就是面子工程，将这种走动视为一种个人公关活动。一个缺乏真正目标的高级经理在工厂里走来走去，既没有效率，也可能适得其反。

大型工程公司罗拉轴承公司的首席执行官亚瑟·亨德森（Arthur Henderson）通过他的努力一步步从财务经理的位置上做到首席执行官。作为一名曾经的会计，他相信企业可以实行以预算为中心的经营管理。然而，他新任命的人力资源总监说服了他，去实践MBWA（Management by Walking About）式的管理模式，也就是"走来走去式管理"。

办公室里的人一开始似乎很高兴见到他。他上周六聊了聊他的高尔夫球赛，然后告诉员工们他决定明年把他们都搬到一个开放式办公室，对于这点，员工们似乎不太高兴。在车间里，他向一两个车工谈起了当地的足球队，然后拦住了一个似乎有点着急的铲车司机，说了几句话。"还有什么问题吗？"他在谈话结束时问道。"是的，"司机回答，"你到底是谁？"

一批商界领袖在结束对日本汽车制造商丰田工厂为期一周的访问后，会见了该公司总裁。其中一位提问道："您为什么要花这么多时间在办公室外呢？在我们国家，我们有太多的文书工作要做，并不能像您那样时常出去走走。"

丰田的总裁回答道："女士们，先生们，这很简单。我们并不在办公室内生产丰田汽车。"

丰田的企业领袖比我们提到的亚瑟·亨德森更接近目标。作为一名领导者，你应该对所有三个领域——任务、团队和个人，以及它们如何相互作用或共同作用，保持监督。

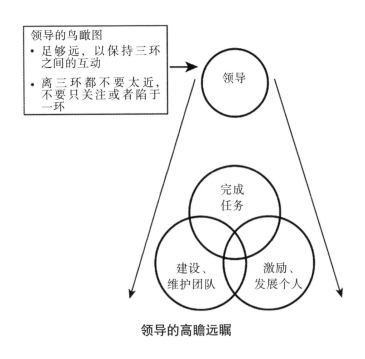

领导的高瞻远瞩

■ 结论

当然，仅仅从激励他人的角度来看待领导力是一个很大的错误。领导还需要在发生变化的时刻为员工指引方向。领导还需要建设团队。激励也不等同于愿景和鼓舞，尽管两者都有作用。关注三环，努力成为一个好的领导者。以意识、理解和技能履行关键职能。尽可能多地与别人分享你的决定。有效的激励比鼓舞更加重要。

10

鼓舞别人

美国人詹姆斯·库兹（James Kouzes）和巴里·波斯纳（Barry Posner）在他们的著作《领导力挑战》（*The Leadership Challenge*）中总结出模范领导者的5个特点：

◎ 领导者挑战过程。领导者寻找机会。他们不断尝试和冒险，不断挑战别人来超越自己的极限。

◎ 领导者激发共同的愿景。领导者设想一个有利的未来，并动员人们加入这个新的方向。

◎ 领导者激励他人行动，促进合作。

◎ 领导者是榜样。领导者通过自己的领导行为为人们树立榜样，他们策划一次次的小胜利来推进整个行动过程。

◎ 领导者鼓舞人心。领导者尊重并认可个人的贡献，他们庆祝团队的成功。

你注意到"鼓舞"这个词常常出现在管理学的讨论中，尤其是在必要领导的情境下。这个词说起来很容易，但是如何做到呢？你能学会鼓舞别人吗，或者鼓舞别人是那些天生领导者的天赋？当然，鼓舞是激励的"珠穆朗玛峰"。你能攀越那座高峰吗？

我不能替你回答这些问题。但是为了帮助你思考这些问题，我在下一章中会列出鼓舞的内涵。这么做的目的在于至少让你能够避免将"鼓舞"这个词与管理学中其他那些过时的和被废弃的短语连用。

正如意大利谚语所说："如果你想要清澈的水，就回到源头。""鼓舞"这个词值得我们深思。这个词来源于拉丁语"spiritus"，字面意思就是呼吸、呼吸空气。最古老、最初始的含义即"呼吸就是生命"。所以，"呼吸"（respiration）这个词和"鼓舞"（inspiration）这个词也是同源的。你可以在《创世记》的故事中看到它的字面意思。当神用地上的尘土造人，把生命的气息吹进人的鼻孔时，人就成了活人。

在希伯来语中，代表上帝的活力或灵魂的词语"ruach"，和表示"沙漠之风"的词是同一个词。这里所表达的意思是，神的"灵"或"气"可以被人吸入，如以色列的领袖和先知。基督教的赞美诗"让我呼吸上帝的气息，让我重新充满生命"把这个比喻变成了祈祷。你会发现，在造物传说中，男人和女人被认为是有灵性的，而不只是被动的接受者。换句话说，人类能够被神灵注入"灵气"或"鼓舞"；当然，有人被注入的多，有人被注入的少。但我们的灵魂不仅仅是气球或空的风向标。无论好坏，我们都有自己积极的生活。

现在，我们总是习惯于把人拆分为身体和思想，而思想被认为完全是大脑的功能或表达。在通俗语言中，我们仍然围绕身体的不同部位来解释大脑的一些活动。例如，心脏是情感的所在地（在古以色列，情感产生于内脏或胃中）。类似的，也可以说管理者对某种情况有"直觉"（have a gut feeling [1]）。并且，我们还将"精神"（spirit [2]）这个词赋予个体、团队和组织。它意味着：

---

1 gut指的是"内脏"，have a gut feeling表示"有直觉"。
2 spirit可以指"灵魂""心灵"，也用来表示"精神"。

◎ 作用于人的积极的或基本的力量。

◎ 某人或某群人身上存在的、散发的特殊性格、秉性或脾气。

◎ 某人或某群人的基本属性或品质，构成他们普遍的或可调和的本质。

我们现在开始逐渐明白了斯利姆勋爵所说的，为什么领导要关注精神层面。尽管我们的动机大多直接或间接地源于我们的身体和身体的需求，但更多的是源于我们的精神。

鼓舞的效果

鼓舞不是有形的，但它确实存在，而且确实会发生。就像电一样，电既是真实的，又是看不见的，鼓舞也可以从它的效果中被看到。那么，鼓舞有什么效果呢？

在所有的现象中，我们都会看到精神发挥作用。在这些现象中，人们或生物似乎超越了他们的自然能力，无论是为了善还是恶。

因此，精神是注入人类的积极力量或能量。它是超人的、神秘的和难以捉摸的，就像沙漠之风，不知从哪里冒出来，吹过贝都因人（阿拉伯游牧民族。——编者注）的帐篷。在它超自然的影响下，人们超越了人类知识、体力或耐力的明显限制，就像河流超过了堤岸。下面的一组词显示了这种隐形的对限制或障碍的超越或跨越可以带领我们进入新的世界。

◎ exceed（超过）这个词暗示了跨过由权威或习惯或之前成就所设

置的限制。

◎ surpass（超越）这个词暗示了在质量、价值或技能上的优势。

◎ transcend（超越）这个词暗示了明显高于或超出正常范围的上升或延伸。

◎ excel（超过）这个词暗示了在成就或品质上非常卓越，可能优于其他所有人。

请注意，"优秀"（excellence）这个用来形容企业绩效的词来源于上述提到的"超过"（excel）一词。

人们似乎看起来可以被自然动机驱使来发挥出正常水平，背后的驱动力可能是恐惧，也可能是奖励。但要超越或跨越公认的极限，还需要更多的东西——鼓舞。

▪ 精神的力量

研究"鼓舞"最重要的实验室就是战场。关于这个神秘的因素，战场能告诉我们什么？人们在战场上会自然而然地产生战斗精神。恐惧、焦虑、不确定性和混乱往往会迅速削弱高涨的士气。但有时，士兵会超越预期的极限，他们会做出非凡的壮举。300名斯巴达人在温泉关与实力强劲的波斯大军对峙，他们能够抵御数量庞大的敌人，有时甚至能够战胜他们。秘密是什么？

好的领导是其一。正如希腊剧作家欧里庇得斯在4世纪时所写的那样："即使只有十个士兵，只要指挥得当，他们可以打败由一百个人组成的、没有领导的乌合之众。"但这是如何运作的呢？

我们还要回到"精神"这个概念上。也许精神是我们所有属性中最不个人主义或最特殊的。可以说，它存在于我们身上，却不属于我们。我们不拥有它。所以可以说，我们更容易受到"精神"的影响。我们也有能力施加影响或发送"无线电波"，其他的精神或灵魂会接收到我们的发送。

如果真是这样的话，你可以看到，工作和生活中的"主人翁"精神可能会产生意想不到的影响。在一些独特的条件下，比如战争带来的恐惧和不确定性情境中，精神的影响会大大增加。

希望是人类精神的氧气。你可以通过两种方法为沮丧、消沉、日渐冷漠，甚至绝望的、没有希望的局面注入精神和希望。一方面，你可以帮别人建立自信和自豪感；另一方面，激发别人对你作为一名领导、经理或专业人士的信心，尤其是激发他们对你的计划产生信心。你还能做其他的吗？

如何鼓舞别人

在告知和说服人们去做需要做的事情，并且让他们相信没有任何事是不可能的之后，你还可以更新他们的愿景。为什么我们要一起抗争、奋斗？为什么做这些事是值得的？记住，正如马丁·路德曾经说过的："这个世界上所做的一切都是因为人们有希望。"

这些问题对士兵来说尤其重要，不同于其他人，他们有时会被要求献出生命。如此奉献是为了什么？是什么样的希望和愿景激发了人类精神？是胜利吗？是的，但胜利又是为了什么？作为一个领导者，你必须能够用清晰、简单、生动的语言与他们交流，你对这个基本问题的回答是什么——这一切都是为了什么？

朦朦胧胧地，就像透过磨砂玻璃，我们可以看到，为了激励别人，我们需要更具有挑战性的、更强大的愿景。它必须给我们播下希望的种子，让我们坚信，通过我们这样那样的努力，我们在为我们的家庭和全人类创造一个更美好的世界。

内部的敌人

到目前为止，我们必须对抗的最危险的敌人是冷漠。冷漠不是由于缺乏知识，而是由于不关心、不在意；是对其他追求的漠视，是因自满而对他人产生的蔑视。

——威廉·奥斯勒（William Osler）

并非所有的愿景都能起到激励的作用。只有能够激发我们人性中内在的崇高，这样的愿景才能鼓舞人心。它需要能够提升我们的思想，升华我们的精神。罗伯特·弗罗斯特（Robert Frost）曾说过："诗里没有钱，但是，钱里也没有诗。"

结论

富足或稳定的理想是无法真正鼓舞人心的。没有员工会为了让你和你的股东变得更加富有而发奋努力。要深挖你们的共同愿景，挖到底，你可以看到涓涓清流。这才是能够真正鼓舞人心的。

11

五五原则

作为一名领导，你既是个体，也属于你所在组织的领导层，你应当负起责任，去激励别人。在与合作伙伴（所有供职于该组织的人）交往时，有一条可以遵循的黄金法则：推己及人。只要主动权在你手里即可。

建立高效能团队

换句话说，你要为团队的动机和士气负责。每个成员都应该像你一样，对"三环"有一种责任感，都有责任建设高效能的团队。可以想象，这样的团队将充满动力。它符合如下标准：

◎ 有清晰现实的目标。

◎ 有共同目标。

◎ 合理使用资源。

◎ 保持开放气氛。

◎ 评估自己的进步。

◎ 总结经验。

◎ 经得起风浪。

这不是全部标准，你可以依据你个人的经验继续添加。

搞清楚这个清单对你来说很重要。因为不管你多么有个人魅力，评判你是否是一名商业领袖的标准不在于你的个人品质，不在于你的专业知识或技术知识，也不在于你是否读过管理学的每本著作，而在于你的成果。

真正的测试

　　你通过植物的果实来了解植物。荆棘上岂能摘葡萄呢？蒺藜里岂能摘无花果呢？所以，好树结好果，坏树结恶果。好树无法结出恶果，坏树也无法结出好果。那些结不出好果的树都被砍了，扔在火里当柴火烧了。因此，果实是我们的判断标准。

《马太福音》（ *Mattew* ）第 7 章

你领导力的主要果实或副产品就是你所创建团队的水平或素质。而通过观察你的团队成员的"果实"，也就是他们组建的小团队，你就可以知道你的团队成员们是否有做领导的潜质。

一切就是这样开始的。当然，高效能团队的内涵和标准取决于你的认识。

上文提到的"有共同目标"指的不是每个人都应该一起背诵企业的任务宣言。我想表达的是"活力"这个概念。每个团队成员都是以目标为导向去工作的。每个成员的"活力"构建了团队的"活力"，团队的"活力"构建了企业的"活力"，这个"活力"的总和超过了部分的叠加。

◾ 错误在哪里

你是否发现管理者有时倾向于保留工作记录？一旦有错误发现，这样做可以免于责难。当产生不良结果、不良表现、兴趣下滑时，最简单的处理方法就是归咎于他人。

"你应该见见为我工作的人，"亨利·戈德伯格（Henry Goldberg）告诉我，"然后你就会明白我所面对的是什么。他们懒惰、闲散、冷漠。他们随便做做事，只要不被开除就行。用炸弹才能把他们叫醒。我在他们的评估面谈中对他们进行了个别批评，训斥他们，惩罚他们，也尝试使用奖励去刺激他们——没有任何效果。我想，可能就是我的运气不好，碰到这样一群无用的人。上周他们还威胁我要罢工，因为我总是发脾气，责骂他们。他们甚至有胆提出我没有做出好榜样。我该怎么办呢？"

我所说的五五原则专门针对这种挫败感。它可以让你（以及亨利·戈德伯格）先照照镜子看看自己，看清自己的领导水平，然后再去批评别人缺乏动机。

一个人50%的动力来自个人内部，50%来自他/她的环境，特别是在这个环境中遇到的领导。

根据第1章所学内容，我们可以肯定，动机主要来自一个人的内心，是对个人内在需求、欲望、抱负和价值观的回应。但是，在这个风云变幻的社会环境中，各种外部的刺激因素也同样重要。

举个例子，一个孩子可能对科学有潜在的兴趣并希望好好读书，能考上大学。但是根据五五原则，孩子50%的进步取决于他所就读学校的学术水平，尤其是教授科学课的教师的个性和能力。一个伟大的教师有这样的特征：他教授的课程可能会被忘记，但是他对生活的热情可以成为一种活跃的、有生气的、鼓舞人心的力量。

五五原则确实有助于提醒领导者们，无论好坏，他们自己都可以在激励员工方面发挥关键作用。幸运的是（或不幸的是），并不是所有的牌都在他们手中，因为他们所面对的人可以在不同程度上自我激励。如果把人比作木材，领导的艺术在于顺应人们的"天然纹理"来展开工作。

五五原则还有一个值得推广的方面。你可能还记得那句古老的谚语"没有坏士兵，只有坏军官"。现在，我们认为这句话不是正确的，因为确实有坏的士兵。然而，这句话是培养年轻军官时很好用的一条格言，这句话让他们勇于承担。它让军官们在责备士兵之前先审视自己和自己的领导力。因此，这相当于给他们打了一针预防针，避免他们总在别人身上找理由。

没有坏学生

在拍摄电影《气球旅行》（*Olly, Olly, Oxen Free*）时，两个和凯瑟琳·赫本一起合作的男孩最初对她感到敬畏。但是凯瑟琳·赫本本能地帮助他们放松。拍摄第三天，其中一个男孩忘了台词，赫本说："我的错，我的错。"男孩问："怎么可能是您的错呢？是我忘了词。"凯瑟琳回答道："因为我说台词太快了。所以你才忘了你的词。"

——埃伦·佩克（Ellen Peck）和威廉·甘泽（William Ganzig）《父母的测试》（*The Parent Test*）

先从"里面"找原因

五五原则并不要求准确地确定等式中不同部分的比例。它更像是一条粗略的经验法则。事实上，它只是说明了动机的很大一部分存在于我们内部，同时，也有很大一部分存在于我们外部，是我们无法控制的。最重要的是，这个原则会对你起到鞭策作用（如果你还需要朝着好领导这个方向努力的话！），在你开始抱怨别人缺乏动力或士气低落之前，先把你作为一个领导者和管理者需要做的50%做好。

> 有一天，当舰队出海时，值班军官向柯林伍德（Collingwood）上将报告说，船上800名水手中即将爆发叛乱。"我船上的水手叛变！"柯林伍德叫道，"如果是这样的话，那是我和我的每一个军官的错。"

这样的故事让我们学会从"里面"找原因。在我们怒气冲冲地冲到甲板上，指责船员之前，先从我们自身找原因，从我们的领导水平上找原因。只有先擦亮自己的眼睛，你才能看得更清楚，才能帮别人吹去眼睛里的灰尘。

假设发生了行业罢工，有多少总裁和经理会像柯林伍德那样先责备自己并质疑自己的领导层的能力？如果你不是问题的解决方法，你就是问题本身。五五原则让你能够正确看待激励关系。

无疑，五五原则的其他应用还会不断被发现。在我的著作《高效团队建设》（*Effective Teambuilding*）中，这一原则适用于领导和团队的相对价值：成果的50%取决于团队，50%取决于领导。需要重申的是，这并不是什么科学精确的比例。但是"五五"这个说法确实说明了不管一方做出了多大贡献，另一方也是同样重要的。五五原则要求领导者（或者团队，或者某个团队成员）在批评对方的素质或者贡献之前，先把自己的角色做好。它是治疗组织机构中区分"我们和他们"的终极良方。

我们可以把同样的原则应用到"先天与后天"的争论中。我们的命运大约一半取决于遗传的特性或倾向；另一半取决于我们（或其他人）如何利用这些特性或倾向。这一命题的第二部分是对家长和教师的真正挑战。这当然也适用于领导领域。有人认为领导者是天生的，而不是后天培养出来的。这是一个半对半错的想法。完整的事实是，他们（大约）一半是天生的，一半（或多或少）是由经验和思想、训练和实践造就的。这种自我教育和他人教育的混合需要一生的时间。这里包含着一个矛盾：成为一个天生的领导者需要很长时间。

激励我们采取行动的动机也许来自内部，也许来自外部。或者，更普遍的情况是，它来自某种内在冲动或倾向与外部环境或刺激的结合。"激励"这个词的优点在于它完全符合五五原则。因为它既涵盖了个体内部发生的事情，也涵盖了个体想做的事情；同时也涵盖了个体外部发生的事情，因为个体都会受到他人或环境的影响。当某人激励你时，他/她在有意识或无意识地改变你"动机能量"的力度和方向。

顺便说一句，激励的第二个方面向我们提出了一个道德问题。正如我上面所说，我们实际上在不同程度上依赖于外界对我们精神生活各个方面的各种刺激，我们的动机尤其依赖这些刺激。但是这种对于他人的依赖可以被用于实现我们自己的目标。那合理的激励与操控有何不同呢？

操控某人意味着用巧妙的、不公平的或阴险的手段控制或玩弄某人，尤指为了自己的利益。因此，操控有两个方面：手段和目的。如果你为了自己的目的，而不是为了共同的目的，你就有操控他人的嫌疑。如果你对你激励的人隐藏你的手段，或者试图忽视他们的自我意识，那么你正在成为一个操控者，而不是一个激励者。

因此，激励他人不应与强势人格对弱势人格的操控行为混为一谈。领导力自然地存在于平等关系之中。它不等同于统治或行使权力。一般的老板要求别人尊重他，而真正的领导对别人给予尊重。如果这种关系建立在相互信任的基础上，并且双方就正义或公平达成了共识，那么激发对共同任务的热情就成为领导人的一部分责任。

■ 结论

作为一名领导者，你成功的一个关键指标就是你能够创建和维持一个高效的团队。在团队成员共同的目标意识下，这个团队会有某些特征或特点。显然，这样的团队就是积极性高、士气高涨的。新成员很快就会被它的共同精神或团队精神所感染，就如干柴遇到烈火。

如果你无法建设一个这样的团队，遇到问题时最简单的做法就是归咎于他人、环境或运气。但这时，请你记住五五原则。在你开始批评别人之前，要加倍确保你自己那50%是没有问题的。因此，管理者和下属之间的关系常常类似于亚当和夏娃被逐出伊甸园后的关系，正如约翰·弥尔顿（John Milton）所说："他们在相互指责中度过了无果的时光，没有人进行自我批评。"

打破这种相互指责的恶性循环，勇敢地、公开地承担起你对现状的责任，然后请其他人帮助你恢复和谐，创造伟大。你不会失望的。

但你如何履行你的50%的心理契约，使之充盈呢？本书第三部分将会讲到的7个策略可以为你指引方向。

太上，不知有之；

其次，亲而誉之；

其次，畏之；

其次，侮之。

信不足焉，有不信焉。

悠兮，其贵言。

功成事遂，百姓皆谓：我自然。

——老子，公元前6世纪

如何发掘人的潜能

接下来的7章将集中讨论采取哪些措施可以激励别人（包括自己）在工作中做到最好。我之所以用"策略"这个词，是为了强调方法的重要性。此外，这些"策略"既包括组织层面的，也包括个人层面的。

这些关键策略包括：

◉ 自己本身要有强烈动机。

◉ 选择那些本身有强烈动机的人。

◉ 设置具有挑战性但现实的目标。

◉ 记住，进步可以起到激励作用。

◉ 将每个人都视为完整个体对待。

◉ 提供公平合理的回报。

◉ 给予肯定。

第三部分主要关注在实践中哪些做法有效。因此，在这部分，我将人类几个世纪以来的广泛经验与从理论或研究衍生出的常识结合起来。

在你读完第三部分之后，你应该可以：

1. 能够确定7个主要的策略，这些策略能让你和你的组织对创建高绩效团队有一个清晰的方向。

2. 了解你可以在这7个重要的战略领域中发展哪些技能。

3. 当你所在的组织逐渐形成了激励氛围时，你要发挥能动和中介作用，充分利用这种氛围。

12

自我激励

中国的《论语》中记载了这样一则故事：季康子患盗，问于孔子。孔子对曰："苟子之不欲，虽赏之不窃。"孔子向季康子说明了正面激励和负面激励的作用。

有关激励的第一条金科玉律是：你只有自己受动机驱动去做某事，才能激励别人做某事。只有行动积极的领导者才能激励他人。榜样是伟大的诱惑者。这似乎是简单明了的一个道理，但为什么在今天的管理工作中，我们常常忽略这个道理呢？

热情能激励人，特别是当它与信任结合时。我们可以通过考虑"热情"的对立面来领会它的重要性。如果我们漠不关心、麻木不仁、心不在焉、不感兴趣，我们会给领导者留下什么样的印象？热情是有感染力的；热情的人通常也很有能力，因为他们认可并喜欢自己正在做的事情。

在你批评别人缺乏动机之前，先问问你自己是否对手边的任务充满热情和认同感。你的热情和认同是否真诚、可见、实实在在？你是否在语言和行动中都体现出了这种热情和认同？你是否做了一个好榜样？动机就像"病毒"，它可以传染给别人，却无法教授给别人。

▇ 做个好榜样

我们从过往的经历中可以了解榜样的激励作用。如果领导是热情、积极的，这种热情和积极是会传染的。

▇ 练习5

◎ 有哪个领导曾经鼓舞或激励了你？

◎ 这样的领导有什么样的特征？

◎ 是否有领导降低了团队干劲和动机这样的反面例子？

许多领导者，如果他们足够诚实，就会承认他们就像莎士比亚的《威尼斯商人》中的一个角色，这个角色宣称："让20个人明辨是非比让一个人知行合一要容易得多。"

与其提供示范，不如以身作则。提供示范意味着你为了某种"效果"去有意识地做某些事。而真正的榜样应该是以身作则：你就是这样的人，有这样的信念，而不是为了某种效果才去做什么。

好的榜样不是精心设计的。对于这点，可能你并不认同我的说法。但是就我个人经历而言，为了追求效果而去做某事可能会适得其反。在当下的语境中，这是一个相当学术的观点，因为你无法模仿那种充满活力的目标感、热情或者动力。如果你周围的人想在你身上看到和感受到这种活力或动力，它必须是真实存在的。

好榜样的标准

公开的	不要隐藏、公开行动
自发的	好的榜样是自发的，而不是设计出的。让它自然而然地发生
有表现力的	你就是领导力。不要为了效果去做事。做你自然而然该做的事情 鸟儿唱歌是因为它想唱
谦逊的	好的榜样不需要刻意去吸引别人的注意，不需要宣传和自吹自擂

做出了好榜样，你就已经完成你的事情了。在第一部分，我曾经提到过，要在我们和他人的关系中寻求一种平衡。你为我做些事，我再为你做些事。这种平衡很多时候需要被写在合同中，但更多时候，它是微妙隐性的。如果双方都理解并认同这些隐性交流，那么他们之间的关系会很好地服务于其共同目的。比如，我曾听到一位女士说："如果你把我当作一个女人对待，那我就把你当作一个男人对待。"这听上去像一个常识性问题。

在领导与同事的关系中，也存在类似的对等。当我在阿拉伯军团的贝都因入团担任副官时，我住在沙漠深处的一个贝都因黑帐篷里。当晚，在炉火旁，当黄铜咖啡壶在余烬上发出咝咝声时，那个部落的酋长引用了一句阿拉伯谚语，这句谚语至今留在我的脑海中：

给我火，我就给你光。

这句话总结了精神"合同"中的共同因素。在领导与其伙伴的关系中，他们彼此了解对方对自己的期望和需求。顺便说一句，我把这句谚语用其他的字体写出来是因为它值得被镌刻在你的壁炉架上，甚至被镌刻在你的心里。

作为一名领导，如果你无法为你的员工和团队提供"火"，就不要期望他们给你提供"光"。如果你自己动机不够，就无法激励别人。从这点上讲，把你的"心"放在明处，这样所有人都能看到你是谁，你从哪里来，你要去哪里。

人们为什么不做事？

有一次，我在新加坡为一家大型国际制药公司的100名高级经理参加的一次会议上发言。这是他们第二次尝试推出新的"全品质"和"赋权"计划，以及一些"业务流程重组"。这些新的举措没有得到高管们的充分理解以及热情回应。不久，人们终于搞清楚，缺乏动力的主要原因之一可以追溯到一个人身上。负责创新的执行副总裁在第一次改革会议后不久就被裁掉了。之后，他被要求签一份为期三个月的合同，只是为了启动新的战略。因此，他自己本身就没有太多真正的动力来推行这些举措。

承诺是一种强烈的动力，它处于你有意识思维和意念"控制室"的交界；它将坚定的决心变为行动。这种承诺会释放能量。这就好像你的人格力量被置于一个新的磁场。选择这个行为的本身就引发了新元素，就如扔进池塘的石头会激起水花。"外形"发生了改变，即便这种改变很细微。你已经倚向了一边，天平开始倾斜。这就是决策中的创意和动态元素。

从现在开始

直到一个人做出承诺，

有犹豫，有机会退缩，

做事总是无效的。

关于所有主动行为（和创造行为），

有一个基本的真理。

无知扼杀了无数的思想

和宏伟计划。

当一个人明确承诺，

天意也会移动，

所有的帮助都会出现，

没有承诺，这些帮助都不可能出现。

决定会带来一系列的

超出意料的事情和奇遇，

助你一臂之力。

你做梦都从未想过的

也都来了。

无论你梦想着做什么，

你都可以开始了。

勇敢有天赋、力量和魔力加持。

现在就开始吧。

——歌德

做出承诺——表现出来

承诺意味着做出一个决定，没有回头路，无法重来。

1066年，诺曼底的威廉公爵（Duke William）在英格兰南岸登陆。他不久之后得知，整个盎格鲁—撒克逊人的军事力量集中起来可以碾压他的诺曼军队。威廉破釜沉舟，将所有运送他的士兵穿过英吉利海峡到达英国的战船烧掉。他需要一支全力投入、斗志昂扬的军队，要么胜利、要么战死或被扔进大海。诺曼人赢了。

注意，在这个故事中，威廉公爵和他的部下面临着同样的危险——这是成为领导的标准。

坚定的领导开始表现出与动机最相关的品质。在逆境中他们表现出坚韧和决心。他们对于所从事的事业是一心一意的。他们不会轻易偏离目标。1805年，英国帆船时代最著名的海军将领霍雷肖·纳尔逊（Horatio Nelson）在法国土伦舰队的长途跋涉中给梅尔维尔勋爵（Lord Melville）写信说道："我从不会绝望，人们所能做的一切都将成为现实。"

当然，这种坚韧要与弹性平衡。是继续坚持某个运行不畅的行动方案还是换一种做法，这需要作为领导的你给出合理的判断。爱默生写道："愚蠢的始终如一，是狭隘的想法在作怪。"

换句话说，真正的承诺感可以改变一个人。你不会再回到老路上，也不会选择其他的路。已经太晚了。你现在是一个和以往不同的人。如果你想脱胎换骨成为一名真正的领袖，而不仅仅是一名业务领导，首先，你需要通过更深的承诺感来改变自己。正如甘地曾经说过的："要想改变世界，首先要改变自己。"

在激励别人的过程中，你自己的承诺感至关重要。它是解开自身禁锢的关键。你开始将自己献身于共同任务、团队，以及那些需要你帮助或指导的个体。正如一句法国谚语所说的那样："不投入自己，就无法投入任何东西。"

■ 你的工作适合自己吗？

记住，如果你的工作不适合自己，你在执行这些原则时会遇到极大的困难。如果你的天赋能够自然而然地融入你的工作中，那么你就找到了适合自己的工作。如果你不是很有动力，那可能意味着你没有找到适合自己的工作领域。而如果事实如此，你就无法激励别人。你就像一匹倒在了第一个障碍物前的赛马。立即检查一下自己是否有以下"入错行"的症状。

◎ 你对工作本身没有兴趣或兴趣很小。
◎ 你感觉自己是"圆孔中的一个方钉"。
◎ 你避免谈论工作。
◎ 你十分不喜欢工作的某个部分。
◎ 你迟到早退。
◎ 你一直期待可以离开这份工作。

如果你没有如上症状，那么你已经找到了适合自己的工作。我这么说并不意味着老天会告诉你"成为一名经理"或"成为一名律师"。我的意思是：通过个人认知、判断、反复尝试，也许还有运气，你已经找到了最好的方法来发挥你的天赋、兴趣和个性。你的工作可以用上你"调色板"上所有的颜色。当然，工作还是工作，但它不再是苦差事。它能带给你乐趣。你喜欢它更胜于做其他事情。在这样的工作中，你也会遇到问题，但是不会缺少动机。

也许这也并非全对。也许任何工作中都有"苦差事"的成分。阿诺德·贝内特（Arnold Bennett）曾在与一位作家同行的谈话中说："对于自己的理想职业，人们有时也不喜欢，这不是悖论。拿我自己来说，每当新的一天到来时，我都不想开始工作。"

在我们天性中的"猿性"和"虎性"消失很久之后，我们的人性中仍然存在"驴性"。对于驴来说，如果任由它自己决定的话，它那最持久、最难对付的本性总是让它做最少的事情。它天生就懒惰。有时，我们不得不说服我们内心深处那只可爱却懒惰的驴子向前走。"胡萝卜加大棒"通常有效。

个人必须

做你想做的事，而不是做别人认为你要做的事。做想做的事，才是对你付出劳动和汗水的充分回报，因为这些事能满足你的兴趣、激发你的想象力。如果你想画画，那就去画。如果不这样做，你就不是一个完整的人。

——林德尔·厄威克（Lyndall Urwick）

检查表：你的工作是否适合你		
不管你有五种、两种还是一种天赋，你都应该知道它们是什么。然后你可以选择能够使用和发展你的天赋的工作。	是	否
你很享受现在的工作吗？享受这份工作的全部吗？	☐	☐
你有什么杰出才能吗？你能马上说出这种才能吗？	☐	☐
其他人是通过何种方式肯定你这种才能的？推荐，奖励还是晋升？	☐	☐
你是在25岁之前发现自己这种才能的吗？（特定才能总是很早出现）	☐	☐

（续表）

检查表：你的工作是否适合你		
不管你有五种、两种还是一种天赋，你都应该知道它们是什么。然后你可以选择能够使用和发展你的天赋的工作。	是	否
你能否发现下列这些人的才能：		
（a）你最好的朋友？	☐	☐
（b）你的上级？	☐	☐
（c）你团队中的每个成员？	☐	☐
你现在的工作是否拓展、发展了你的天资？	☐	☐
如果某项工作特别适合你，你是否考虑降低期望薪资？	☐	☐
你是否曾自费去上某个课程，以锻炼发展自己的主要才能？	☐	☐

▮ 领导者更深层次的资源

在最近一次管理学会议上，一名高级经理问我："领导需要激励、鼓舞别人，但是领导在哪里可以获得鼓舞呢？"你会如何回答她的问题？

英国杰出的女演员弗洛拉·罗布森（Flora Robsen）曾经说过："只有上帝才能激励人。"确实，许多领导人信奉宗教，因为他们把目光投向了超越个体的外部力量。"最伟大的领袖是由一种信念支持的，这种信念就是他们在某种程度上是命运的工具，"奥尔德韦·泰德（Ordway Tead）在《领导艺术》（*The Art of Leadership*）一书中写道："他们挖掘了隐藏的力量储备，他们试图与世界上更普遍的目标或意图和谐相处。"也许正是在我们见到与这一普遍目标一致的领导人时，我们才发现他们能鼓舞人心。

简言之，作为一个领导者，你似乎有必要相信人类生活的某些意义，相信人类努力的某些成果，在某种意义上说，人类不是在与宇宙的力量作斗争，而是在本质上与之达成和谐。"最好的领导者，"奥尔德韦·泰德接着说，"对这个世界充满信心，认为这个世界上有真正的好与坏，有一个可以确定好坏的地方，有一个朝着善的方向努力可以产生预期结果的地方。只有当一个领导者有这样的信念时，他/她才拥有最深层的灵感精华，去激励渴望得到鼓舞的人们。"

只有得到，你才会给予。你在生活中发现了哪些灵感源泉？

练习6

在过去的三个月中，你是否遇到过某人，而他说了一些鼓舞你的话呢？

你认为当今世界上，谁是带给人们最多鼓舞的人？你读过的哪本书既提供了信息，又鼓舞了你呢？

在过去的一周，你在报纸上读过的或在电视上看到的哪个故事让你精神振奋呢？

记住，你总是可以分享或者传播你的这些感动。上帝的想法是没有版权的。它们像花粉，被撒入你的言行。这是一个很大的奖赏：你可以用同样的精神去激励别人。正如诗人罗伯特·勃朗宁曾经说过的那样，"如果你不花时间加满灯油，就没法试着发光。"

检查表：你的工作是否适合你		
	是	否
你对于自己所从事的工作是否充满热情和承诺感？	☐	☐
在过去的三个月，下列这些人是否用"热情"或"投入"来评价过你？		
（a）主管	☐	☐
（b）同事	☐	☐
（c）团队成员	☐	☐
当事情发展不顺利时，你是否更倾向于自己承担责任而不是苛责他人？	☐	☐
你能找出三种以身作则的方法吗？	☐	☐
你是否遵照"五五原则"行事？		
（a）经常	☐	☐
（b）有时	☐	☐
（c）很少	☐	☐
你清楚用言语和榜样激励他人与试图操纵他人之间的区别吗？	☐	☐
你所做的示范是否反映你的真实行为，而不是只为达到某种效果？	☐	☐
你是否会轻易放弃？	☐	☐
依据你的兴趣、能力和性情，你确定你在适合自己的岗位上吗？	☐	☐
你是否经历过这样的时刻：你所说或所做的事情对另一个人、一个团队或一个组织产生了鼓舞人心的影响？	☐	☐

■ 关键点

⦿ 激励他人的基石是激励自己。因为动机就像种"病毒"——它会传染。

⦿ 你在困难面前的热情、承诺和毅力是领导力的三大标志。你下次照镜子的时候，问问自己，看看镜中的自己是否有这些品质，然后再给自己一个微笑。正如俗语所说："如果你不会微笑，今天就不要开店营业了。"

⦿ "没有坏士兵，只有坏军官。"严格来说，这句话不是真的。确实有坏士兵(学生、职员、工人等)。但是，100个人中可能只有5个。另外95个人都站在你这边。如果他们没有全力以赴，那是你的错。这是五五原则教给我们的。

⦿ 不要让别人做你自己都不愿意做的事情。你只有以身作则，才能真正对他人施加影响。只有这样，你才有道德上的权威来要求别人做出牺牲。

⦿ 如果你没有强烈的动力，不要绝望。这可能是你工作路线不对的一种表现。如果还不太晚，就改变一下。你要对你所做的事情充满能量。

⦿ 灵感取决于许多因素——相关人员之间的"化学反应"、任务的性质和情境。但是，在适当的情况下，你的言辞和榜样就如同干柴上的烈火。当你的所说或所做恰到好处时，准备好去体验灵感迸发的时刻吧。

没有热情，就没有伟大的成就。

——爱默生

13

选择积极上进的人

从五五原则来看，你能激励其他人的程度是有限的。因此可以说，50%的"牌"是掌握在其他人手里的。在你能掌握的范围内，你可以以这样或那样的方式提供动机或激励；你可以提供奖励或进行惩罚，也可以尝试说服。所有这些实际或潜在的影响都会产生作用，因为一个人50%的动机来自环境。如果你是领导，那么你对于那些为你工作的人来说，就是环境中的一个关键因素。但你的力量是有限的。正如谚语所说："你可以把马儿带到水边，但无法强按着它喝水。"

既然我们很难去激励那些本身就缺少动机的人，那么我们很有必要去选择那些动机较强的人。诚然，在最冷的燧石中可能藏有炽热的火焰，但你可能并不具备让这种隐藏火花释放出来的天赋或技能。如果他们在纳尔逊的战舰上工作，可能会被激发出热情。然而，你并不是霍雷肖·纳尔逊。像我们所有人一样，人家给你什么桨，你就得用什么桨划船。不需要虚情假意地谦虚，但你要正确认识到自己的局限性。这种认识可以让你避免倾尽全力地去激励那些无法被激励的人，至少可以在你付出一些努力之后，及时地止损。

■ 每个团队成员都很重要

我曾经向一家大型跨国公司的人力资源总监询问："你如何判断哪些是积极上进的人，从而做出选择？"他听到这个问题，眼睛顿时一亮。

"约翰，我们费尽心血才能挑到合适的人。"他边说边用电脑查询数据，"去年我们在猎头公司花费了超过100万美元。此外，我们在集团总部还有5位经理，专门从事管理层招聘工作。你想看看我们是如何招聘管理层的吗？"

"你也许误解我了，"我回答，"当然，这是因为我自己没表述清楚。我真正感兴趣的是你们如何为整个企业招聘员工，如何选择为企业工作的这4000个人，而不是仅仅想知道你们如何选择那200名管理人员。"

他眼睛里的光逐渐暗淡下来。"关于你说的这个，我现在不太确定。不管怎样，员工的招聘都是在地方一级完成的。四五年前，我曾担任分部的人事主管，那时我们常常发一些招聘广告，雇用那些技术熟练的人。我们确实存在相当大的劳动力流动问题，但是其他公司也存在同样的问题。幸运的是，经济衰退已经为我们解决了这个问题。"

类似这样的公司仍然以等级制的方式思考问题，所有可用于选拔和培训的资金都流向了高层。我们需要把金字塔倒过来。在认真挑选经理的同时，也需要投入资金和精力去挑选团队中的每一个成员。

罗伦有限公司是一家小型公司，雇用80人制作记事簿和商业礼品。公司的新产品小组有一个空缺位置，专门负责直邮。产品经理希望找到一个合适的人选。这个理想人选除了有营销背景和计算机技能之外，还需要能够在团队中很好地工作，并在业务拓展时灵活地发挥作用。

　　三位入围的候选人都接受了团队负责人和市场总监的面试。之后，在总经理在场的情况下，三位候选人中的每一位依次向其他两位作报告，介绍如何开发客户数据库，并将其用于新的营销战略。在这个过程中，总经理特别关注候选人表现出多大的动机和意愿来推广公司的新产品。

　　在过去，人们所谓的"劳动力的动机"并不是十分重要。下属只需要按照上级的要求去做某些事，或不做某些事。思考能力并不是一个必备技能。员工培训主要涉及技能训练以及工作习惯的养成。将这种方法发挥到极致的就是军队。这种方法也正是20世纪形成的那些大型工商业组织的运行模式。

普鲁士士兵

　　对于普通人来说，普鲁士军队纪律的主要思想是在许多方面将人变为机器；使人们失去自己的意志，只受军官意志的驱动；使人们对军官产生最强烈的恐惧，从而消除对敌人的一切恐惧，按照军官的命令前进。人们只需要随身携带火枪，不需要深入地推理或思考。

　　——约翰·摩尔（John Moore）《法国、瑞士和德国的社会和礼仪观》（*A View of Society and Manners in France, Switzerland and Germany*）

　　然而，即使在军事领域，从古至今最优秀的人才都知道，重要的是"质"，而非"量"。领导和士兵的"质"都很重要，尤其是智力和内在驱动力。

　　《圣经》里有这样一个故事。上帝告诉吉迪恩（Gideon）："你的士兵太多了，我不能将米甸人交到他们手里。现在，你要去告诉他们，凡胆怯怕战的，可以回家。"吉迪恩完成了测试后，3.2万人中只有1万人选择与他在一起。但这些人在上帝看来还是太多。上帝命令吉迪恩把他们带到水边去，将那些俯下身子去喝水的人带回他们的帐篷。与此相反，上帝命令他和那些像狗一样用舌头舔水的人待在一起。因为，根据这些人的行为推测，他们像士兵一样保持警惕：他们把任务放在个人需要之前。在最后一次选拔测试之后，吉迪恩只剩下300名士兵，他们都是充满干劲和天赋的士兵。吉迪恩带着他们一同打败了米甸人。

你挑选出来为你工作的人，需要像约翰·班扬（John Bunyan）描述的那样：直至被激发并发挥出全部的天赋，才会使自己满意。班扬还补充道："天赋平平却尽力发挥，强过天赋异禀却未尽其用。"在这里，我们可以将这句话解读为：在你挑选员工时，资质平平却积极上进的人，相比天资聪颖却消极怠工的人，是更好的人选。

约翰·班扬在英国内战期间是议会军中的一名狙击手。当时最伟大的军事领袖是奥利弗·克伦威尔（Oliver Cromwell）。克伦威尔和很多那个年代的人一样，卷入了那场激烈的内战，他在30多岁后不得不自学骑兵战术。他发现自己身上的领袖天赋，在他对人性尖锐的洞察中，他种下了成为一名成功领袖的种子。

他观察到，在荣誉和忠诚的鼓舞下，士气高涨的保皇党士兵轻易地战胜了"由腐朽的仆人和酒保"组成的议会军骑兵。这些议会军通常只是为了获得酬劳而打仗。他们永远也比不上保皇党士兵。克伦威尔决定只挑选那些对战争积极投入的人："我选的红衣队长，需要知道他是为什么而战并且热爱他的事业。"

克伦威尔在挑选各个阶层的士兵时，都遵循同样的原则。他的兵团很快就以所向披靡而闻名。对手保皇党士兵将他们称为"铁面军"。

如何判断别人是否积极上进

在上面的例子中，宗教热情起了很大的作用。但其实也有其他形式的热情或激情。在当今世界，你确实应该寻找那些热爱自己所做事情的人，或者有能力爱上所做事情的人。如果你善于发现，通常会有一些清晰的指示。

要记住五五原则。如果你雇用的人表现不佳或者无缘无故离开你，那么错误在你。你做出了错误的判断。也许你为这个人找的岗位对他来说太具有挑战性了，抑或是你"误读"了他的天赋或能力。有时我们确实需要满怀希望，但不要让这种希望掩盖了常识或经验。

高动机人选标志

特 征	具体表现
能 量	这个人是否充满能量？它也许不会以一种外在的方式表现出来，更多的是以处事警觉和决策冷静的形式表现出来
承诺感	这个人还在动摇吗？他/她是否愿意致力于这项工作，或者愿意为共同目标而努力？
耐久力	许多人一起开始为某件事努力并不困难，但遭遇了失败、遇到了问题和困难之后，会发生什么呢？谁会打退堂鼓或者轻易放弃？
技 能	人们所获得的技能可以为他们指引发展的方向
专 心	塞缪尔·约翰逊博士写道："那些取得任何卓越成就的人，通常一生都在为追求一个目标而努力；因为卓越成就并不是能够轻易被获取的。不要浅尝辄止或追求享乐。在一个方向持续努力才能产生力量。"

（续表）

特　征	具体表现
享受工作	那些无法在工作中获得享受、找到乐趣的人不太可能是积极主动、充满动机的
责　任	愿意承担责任是一个积极进取的人的必然表现

注意，表格中的"享受工作"并不意味着"嬉闹欢喜"或者"放声大笑"。有些工作只会带来泪水，而不是欢笑。快乐的种子可以深埋于岩石，甚至冰下。如果你指派的人不认为他所从事的工作是有趣的，是能给他带来享受的，在他和别人谈话时，也从不会提及关于工作的只言片语，那么恐怕你就选错了人。现在你应该知道，这一切是谁的错了吧。

■ 练习7

你是一个大学探险队的领队，该队打算去委内瑞拉雨林中的一个偏远高原探险。你的团队只剩下一个名额，有三个人表示出兴趣。你需要一个植物学家。

麦克（Mike）是一位年龄较大的植物学家，硕士研究生毕业，资历很高。他最近刚刚订婚，准备买房子。他之前参加过三次探险，现在觉得自己应该安定下来。然而，他对这个特别的高原非常感兴趣。

萨利（Sally）想专攻热带医学，特别是从稀有植物中获取新药。她目前还是一名医学院学生，为了能参加这次探险，她愿意卖掉她的汽车。

简（Jane）已经帮助筹款了。她愿意做一名服务生来赚钱，为这次探索多做一些贡献。除此之外，她愿意为了这次探险做任何事情，包括参加热带植物研究所的课程。

你会选谁？如果对他们每人提出三个问题，你会问些什么？

选择合适的人在很大程度上是一个判断的问题，同时也需要直觉。下面的模型提醒你必须考虑的要点，并帮助你权衡自己的判断。记住古董交易界的一句老话：买了东西就有盈亏。所以要仔细看看下面的"激励三角"。

激励三角

动机：生活和工作中带来享受、满足和成就感的那些方面
能力：经验、技能、知识
人格：我们如何与别人以及环境相处

你不会每次都做对，但要从你的错误中吸取教训。愚蠢的人总是犯同样的错误。作为一个评判者，你通常可以从以下几个方面来判断自己的缺点：激励、能力、人格。

下面有一些有用的小窍门：

◎ 记住，在面试的过程中，有人试图影响你从而获得这份工作。有些人很容易在面试中表现出积极性或热情。而其他人，虽然本质上是积极的，却有可能被认为很"懒散"。

◎ 你可以通过他们的"成果"去了解他们。从他们的所作所为中寻找证据。人们想做成某些事，总会找到做事的方法。你要看他们是否体现出了坚持和毅力，这些都是高动机的证据。要询问推荐人的意见，他们比较了解申请人。

◎ 描述需要高动机的工作场景，并询问申请人会如何应对。

▪ 寻找米开朗琪罗式的动机

也许意大利画家米开朗琪罗最令人印象深刻的作品是罗马西斯廷教堂的天花板，作品表面约6000平方英尺（约557.4平方米）。有一次，他在画壁画时，仰面躺在一个高高的脚手架上，仔细勾勒出天花板角落里的一个人物。一个朋友问他，这个人物离观者有几英尺那么远，为何要如此费力去勾勒这样一个观者可能都看不清的人物呢？

朋友说："毕竟，谁会知道这个人物的勾勒是否完美呢？"

艺术家米开朗琪罗回答："我会知道。"

你如何找一个词语去定义这种内在的驱动力呢？我无法做到。因此，我就将之称为米开朗琪罗式的动机。我建议你在未来挑选员工的时候，要看他们是否有这样的动机。你的团队、公司或组织都需要有这种动机的人。然而，像我们之前在吉迪恩的故事中所提到的那样，你会发现也许100个工作申请者中只有一个有这样的动机。但是，这些少数人的作用也许会大大超过没有这种动机的一群人的作用。

重要的油箱盖

民航局的高级执照签发官告诉我，飞行出现问题的部分原因是飞行员失误，部分原因是仪表显示故障，这些都很复杂。我们有一次在讨论一起飞机事故。"在那个事件中，飞行员在起飞前并没有完成所有的常规操作程序。"作为一名经验丰富的飞行员，他补充道："当然，我不可能从窗口向外看，看工程师是否拧上了油箱盖。"

在我的想象中，我看到在一个漆黑潮湿的夜晚，工程师在高空检查那些油箱盖。我们的生命取决于他的米开朗琪罗式动机。

你也许还记得，赫茨伯格认为"工作本身"就是一个关键的激励因素。这个因素可以给人带来持久的满足感。如果赫茨伯格的结论是正确的，并且如果麦格雷戈和其他人所认为的"创造力的分布远超我们的想象"这个论点也是正确的，那么你会在每一个领域都发现很多有米开朗琪罗式动机的人。你可以关注如下这些迹象：

◎ 对自己技艺的自豪感。
◎ 对完美细节的关注。
◎ 为了把工作做好，愿意加班或付出更多。
◎ 没有那种"已经够好了，可以放手了"的心态。
◎ 对工作本身有内在导向或责任感，不需要别人监督。
◎ 有能力对自己的工作进行评估或评价，不受他人观点的影响。

在你的生活中运用米开朗琪罗式动机的时候，要注意避免完美主义，不要认为任何不完美的事情都是不可接受的。有的时候，"做到最好"是做好事情的敌人。你也许可以达到卓越，但完美是我们人类所无法企及的。曾有年轻人花费几年时间去寻找完美的妻子，在历经伤心之后，他遇到了那个完美的她，却发现那个她要找的也是完美的丈夫，而他未必符合。常常想想这个例子，对你是有益处的。

好的志向

所有有能力的人都应该有一些志向，因为志向就像钢的回火。如果回火太多了，产品就易碎；如果回火太少，产品就太软，而缺乏"硬度"的人无法达成他的目标。

——德怀特·艾森豪威尔（Dwight Eisenhower）

你需要在一个创造性和创新性的组织中平衡动机。在这种情况下，重要的是，你应该能够选择那些已经有米开朗琪罗式动机的人，这对一些工作来说是首要条件。我指的并不只是工程师、建筑师、骨科医生、民航飞行员和牙医这样的工作。在当今，还有什么工作不需要那样的动机和诚信呢？

重要的反馈

在她80岁生日庆祝会上，国际著名的织工西奥·穆尔曼（Theo Moorman）说了几句话，这些话不仅适用于我们的工作，也适用于我们的生活：

"把目光放高，否则整个势头就会崩溃。珍惜你的正直和判断力。总盯着市场，就没法好好工作，你必须坚持自己的立场。每当完成一件织品时，偶尔我会有一种由衷的归复感，这种感觉告诉我，作品很好。此刻，我的获得感，比红宝石还要珍贵。"

检查表：选择积极主动的人		
	是	否
你是否有员工因为缺乏动力而表现不佳?	☐	☐
在过去的12个月内，你是否审查了对组织团队成员的选拔程序?	☐	☐
除了一对一的面试之外，你现在是否还有其他方法来评估:		
（a）动机?	☐	☐
（b）能力?	☐	☐
（c）人格?	☐	☐
列出三个可以判断别人是否有米开朗琪罗式动机的方法:		
＿＿＿＿＿＿＿＿＿＿＿＿＿＿＿＿＿＿＿＿＿＿＿＿＿＿＿＿		
＿＿＿＿＿＿＿＿＿＿＿＿＿＿＿＿＿＿＿＿＿＿＿＿＿＿＿＿		
＿＿＿＿＿＿＿＿＿＿＿＿＿＿＿＿＿＿＿＿＿＿＿＿＿＿＿＿		
上个月，是否有客户就你员工的高动机性发表过个人意见?	☐	☐
你是否清楚了解出于任何原因的"6个月内离职"问题给你的组织所带来的年度成本?	☐	☐

■ 关键点

● "不要敲打一只猪迫使它为你唱歌。这会让你筋疲力尽并惹怒这只猪。还不如卖了这只猪，用它去做培根肉。然后，再买一只金丝雀。"换句话说，你在一开始就要找到适合某项工作的人才。如果一个人不适合这份工作，激励他也没什么用。

◉ 动机和能力通常是相辅相成的。人们擅长他们喜欢做的事；他们也倾向于喜欢他们擅长的事。所以，你招聘员工的第一个指标是：他们喜欢这份工作吗？莎士比亚写道："为了我们所爱的事业，我们有理由每天起床，高兴地去做事。"

◉ 记住每个团队成员都很重要。选择积极主动的人，这一原则适用于挑选组织中的每个人，而不仅仅限于挑选高级经理或那些与客户有直接联系的人。

◉ 你通常需要从三个维度考察一个人的工作：动机、能力和人格。对于一个高绩效团队或组织的任何成员来说，能量、能力和成员间的化学反应都是必不可少的。

◉ 通过分析你的错误或者判断上的失误，并反思本章中所讲到的原则，你可以提升你的判断力（以及面试技巧），这些让你能够在挑选员工的时候选出最好的。

◉ 米开朗琪罗式的动机将在很大程度上解决团队中任何管理员工的问题，即便员工离你很远，不在你眼前工作。随着远程工作的愈加普遍，米开朗琪罗式的动机变得更加重要。

只有喜欢，才能让我们找到最好的做事方法。

——日本谚语

14

设定既现实又有挑战性的目标

我想成为领导

我想成为领导

我可以成为领导吗？

我可以吗？可以吗？

有希望？有希望？

太好了，我是领导了

好，现在我们该做些什么呢？

——迈克尔·罗森（Michael Rosen）

　　作为一名领导，你既需要提出问题，也需要解决问题。要回答三环模型中那些有关"任务"一环的问题。我们该做些什么？我们该怎么做？

　　在第一部分中，我曾指出，三环当中的每一个环都会产生一个"激励的磁场"。如果你进入它的范围，你会感受到它的影响。不言而喻，个人创造了这样一个磁场，是源于他/她的需求。你也许还记得，"需求"是一个笼统的词，用来形容任何你缺乏或想要的东西。你渴望的可能是食物、安全感或者陪伴；抑或是信息或知识、更好的工作、别人对你的承认，等等。

练习8

如果有个外国游客在你家乡的街道上拦住你，问你方向，你倾向于告诉他们吗？

当我们进入有需求或需要帮助的人的"磁场"时，我们会被吸引去帮助别人。我们也许有充分的理由来屏蔽这些信号，但我们依然会感觉到它们。有时，根据我们对别人需求的判断和看法，我们可能会阻止别人或表现得漠不关心。简而言之，我认为所有的工作任务都像那些"发出需求信号的人"。不管这些信号多么微弱，我们很大程度上会在潜意识中接收到这些信号。这些信号包括挑战性和现实性的目标，它们往往会激活我们体内的动机细胞。

确定你的战略目标

因此，作为一个领导者，你的核心技能之一就是将有限的共同任务划分出来。正如谚语所说："一次只能吃一口大象。"这些小任务最终汇成你的目标。作为中间步骤，将大任务或总目标分解为小目标是很有必要的。这些小目标和小任务可以成为"猎物"，你和你的同事们就是在对这些"猎物"的追逐中塑造出你们的宏大目标。

如你所见，"目的""目标"这些词总是相互联系的。顺着"雅各的天梯"[1]往下走，我们要提出"怎么样"的问题。我们怎么样才能完成任务？答案是：将任务分解为4个或者5个小任务或小目标。那么我们怎么

1　雅各的天梯（Jacob's ladder）出自《圣经》，比喻通向神圣和幸福的途径。

样才能完成这些小目标呢？将它们进一步细分，变成可行的、具体的、有时限的分目标。当然，这些既包括长期目标，也包括短期目标。我们通常使用"goal"（目标）这个词来表示长期的、难度更大的目标。

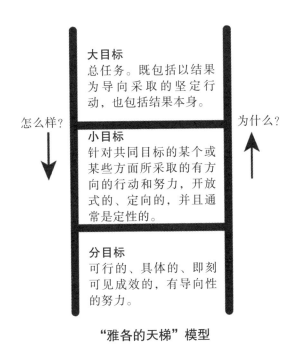

"雅各的天梯"模型

顺着"雅各的天梯"往上走，我们要回答：为什么我们要实现这些目标呢？答案是：为了实现总目标。为什么要实现总目标呢？为了完成我们的共同任务或目的。

你需要注意到，在这个模型中，我并没有使用"target"（目标）这个词。"target"这个词来源于古德语，指的是一个轻型圆形盾牌，后来用来代指任何类似形状的东西，比如圆形靶盘。这个词很重要，因为它既包含了长期目标，也包含了短期目标。你的目标是要实现的，无论是近在咫尺还是遥远的。

你如何有效地为团队和组织设定合适的目标呢？检查以下几项内容：

◎ 它是否具体？

◎ 它是否清晰？

◎ 它是否有时限？

现在，重新审视一下你的个人目标或团队目标。首先，问问你自己，它们是否是现实可行的。你可能想指挥波士顿交响乐团演奏贝多芬的第五交响曲，但考虑到你的音乐天赋和迄今为止的生活经历，这是否现实？

第二，它是否是个具有挑战性的目标？挑战是个主观的问题。有的目标可能会挑战一些人，却吓退另一些人。当你把目标传达给团队时，他们对目标的理解是否和你一致？挑战是对高难度任务的一种邀请或召集，来自"任务圈磁场"。本质上，它会考验你的能力。你可能需要充分利用你的力量和资源。挑战通常具有威胁性、挑衅性、刺激性或煽动性，但最重要的是，它具有激励性。

约翰·兰卡斯特·斯波尔丁（John Lancaster Spalding）写道："富足和稳定的理想不会给人们带来任何鼓舞。"人们在追求高要求的理想时才能够超越自我。大多数人在应对挑战的方式中展示出这种能力。如我所说，这中间有一种完美的平衡。如果目标完全不现实，它对人们就没有吸引力；如果目标太容易达成，它也无法鼓舞人们。作为一名领导者，你要做好平衡。

比如，在3M公司，经理们面对很多具有挑战性的高目标。3M公司前董事长路易斯·莱尔（Lewis W.Lehr）曾提到，在创新领域，目标的达成需要全体相关人员的努力：

我们各部门的目标很高。在任何一年，25%的销售额应该来自过去5年内推出的产品。当然，并不是每个部门每年都能达到目标。对我们的管理者，不仅要看他们是否有能力使现有的产品线增长，还要看他们是否有能力将创新的新产品推向市场。所以他们应该有内在的动机来保持研发势头的强劲。

达成一致目标很重要

检验激励效果的一个手段是考察个人或团队自己设定的目标。一个人或一个团队越优秀，就越趋向于制定既现实又具有挑战性的目标。

你需要和别人就目标达成一致吗？记住，人们有时最开始不喜欢某些活动，如学习演奏某乐器，然而过了一段时间之后，他们开始认为做这些活动是值得的。如我们所见，有研究显示，完成任务也遵循同样的规律。因此，一方面，作为一名领导，你不能完全放手让团队或个人去制定目标。而另一方面，我们让员工更多地参与到影响他们工作的决策制定中，他们就会更加有干劲去执行这些决策（参见第85页的"共同决策的连续体"）。如果一个人认可某个目标既现实又可取，那么他/她就会充分利用自己在动机等式中所占的50%。

在对一个目标做出决定时，有一个连续的参与过程，从被告知要做些什么到完全参与。在《高效领导：成功领导的行动指南》一书中，我讨论了这一连续体模型；以及若想成为一个前后一致而又灵活的决策者，你需要考虑的因素。

比如，这些因素包括对于能力的考量、参与决策制定和执行的人员的经验和成熟度，以及可用于做出决策的时间，还包括一些对企业来说生死攸关的问题。然而，出于对工作的承诺和投入，你需要尽量在任务、时间和情境的限制下尽可能地发挥作用。

你也许还记得，对工作的承诺指的是当我们有了有意识的动机并做出决定之后，将动机和决定付诸实践。如果人们参与了目标的设定或就目标达成一致，那么他们就会努力工作。诗人兼作家凯萨琳·雷恩（Kathleen Raine）说："我一直努力工作，最擅长的就是完成自我赋予的任务。"你应该也是这样吧？

如何使易变难

前世界滑冰冠军约翰·柯里（John Curry）曾给自己定下目标，要编排出世界级冰舞表演。他是这样说的：

"有些舞蹈中的动作乍一看是不可能被排入滑冰动作的。但是我不相信'不能'二字。如果能做一个三段跳的动作，我绝不会满足于二段跳。因为，当你开始认为自己无法做出某件特定的事情时，不久之后，容易的事情也会变难。"

各种各样的艺术家和运动员在自我设定的目标中找到了巨大的动力，这些目标是现实而具有挑战性的。如果某件事很容易，那我们做这件事又有何意义？人们对工作充满承诺感是因为他们自己做出了要完成某项任务的决定。

如果你告诉别人，需要做些什么，他们也许也会去做，为了钱或者为了免于被辞退。但如果你希望他们发挥最好的自己，你需要让他们心悦诚服地就你提出的既现实又有挑战性的目标达成一致，产生认同。有时，相关的团队或个人可能会提出比你的暂定目标更高的目标，让你感到很惊讶。如果它仍然在可行性的范围内，如果它没有减损组织机构更广泛意义上的努力，你何不说："好的，我们试试！一起努力，再加上一点运气，我们就能成功。"

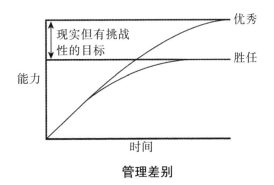

管理差别

我把上述图表称为"管理差别"。因为优秀的领导者会帮助团队建立自信，将自信转化为卓越表现。他们视团队成员为战友，一起为卓越而战。战斗的形式有很多种。班纳什·霍夫曼（Banesh Hoffman）于1937年开始与爱因斯坦长期合作，他曾评论道："如果你和他一起工作，他会让你意识到你们共同的敌人——问题。你要成为他的战友。"

记住，如果人们看到了眼前的全部任务，如果这些任务真的是具有挑战性的，他们也许会想"退回自己的帐篷"。作为一名领导者，你的工作是将这些任务分解成可实现的步骤，并将团队的注意力吸引到事件链中的一个个步骤或阶段，这些步骤或阶段最终会带来预期的结果。

一次走一步

有人问亨利·莫顿·斯坦利（Henry Morton Stanley）爵士，他是否害怕那些让以前的探险家们望而生畏的丛林。

他说："我没有看到过整体。我只是看到我眼前的岩石；我只看见了我眼前的毒蛇，我必须杀掉它才能继续前进。我只看到我眼前亟待解

> 决的问题。如果我看到了整件事，我会不知所措，不敢尝试这样做。"
>
> ——约翰·麦克·卡特（John Mack Carter）和琼·费尼（Joan Feeney）《从顶端开始》（*Starting at the Top*）

正如一句管理学谚语所说："进一寸很容易，进一码很难。"

检查表：设置现实的、有挑战性的目标		
	是	否
你对自己团队现在的和明年的目标清楚吗？	☐	☐
你是否将这些目标对如下人员解释清晰了，或达成了一致？		
（a）你的上级	☐	☐
（b）你的团队	☐	☐
（c）你的同事	☐	☐
你是否能将这些目标和企业的总体目标或使命联系在一起？是否能将它们和企业的某个或某些战略目标联系在一起？	☐	☐
你为团队或个人设定的目标是否既现实（给予一定的时间和资源，目标是可行的）又有挑战性？	☐	☐
好的团队需要被锻炼，不断拓展其能力。你是否对你的团队提出了足够的挑战？	☐	☐
你所有的目标是否仅和短期利益相联系（比如，仅针对下一个季度）？给出两个你去年实现目标的例子，这些目标既现实又具有挑战性，不仅仅和短期利益相关： 1. _____ 2. _____		
你是否花费了时间和精力来确保人们会主动设定自己的目标？	☐	☐

■ 关键点

⊙ 任务的概念已把困难或需求的因素融入其中。如果很容易，那就不能成为任务。

⊙ 如我们在第7章所见，对于失业人员的心理研究显示，失业人员会产生缺失感，是因为没有外部特定的任务为他们提出要求、制定规则。泊于港口的船是安全的，但是船的志向在于远航。

⊙ 所以，不要对设定现实而有挑战性的目标心生恐惧。如果你不这么做，人们会感到失望。作为一个领导者，你应该引导人们远离平滑的柏油马路，走上跑道，一起向着地平线飞奔。

⊙ 只有你清楚地思考组织的目标和宗旨，并能将它们分解为更具体、有时间限制和（如果可能的话）可测量的目标，你才能把事情做成。

⊙ 毛姆（Somerest Maugham）说："生活中有件事很有趣。如果你只接受最好的，不会退而求其次，那么你常常会得到最好的。"不要让人们的表现低于他们的实际水平，不要让他们生产二流的产品，或者达不到客户的要求。对他们提出要求，让他们做该做的事，这是你对他们能做的最大的善事。

⊙ 记住，如果人们只设定简单的目标，组织就会陷于不利。只有死鱼才会随波逐流。

尽力做到我们的最好还不够，有时我们必须完成需要被完成的事情。

——温斯顿·丘吉尔

15

记住进步会带来激励

我们的动力不仅来自我们的个人需求，而且来自共同任务的需求。我们想完成我们正在做的事情。任务越重要，就越需要对圆满完成任务的承诺感，正如约翰·卫斯理（John Wesley）曾经提出过的"对完成的渴望"。

进步是动力，这是一个合理的原则。如果人们知道他们正在向前发展，他们会更加努力，会对成功给予更大的"投资"。

因此，确保人们收到合适的反馈很重要。"反馈"最开始是电子学中的一个术语，意思是对机器、系统或过程的一部分输出的输入返回。没有反馈，人们就不会知道他们是否在正确的方向上以正确的速度在行进。

相反，有关缺乏进展的反馈也会产生激励作用。这让人们知道，如果还想要成功，他们必须还要做些什么。如果你让人们直面他们的现实状况，那么"情势法则"将会帮助你去激励他们。

■ 为什么没有反馈

尽管反馈的给予和接受在推进结果和加强动机方面起着很大的作用，但是反馈却很少有效地发生。有时候，所谓的反馈不过是个人的批评。

它只是轻率地表达烦恼或愤怒，并没有加强动机和提高绩效。更多的时候，人们没有得到关于他们如何做或者如何做得更好的准确反馈。人们会找很多借口来解释这种完全的忽略：

◎ 人们知道自己的工作表现是好是坏，所以不需要再告诉他们。

◎ 如果你告诉人们他们做得很好，他们就会开始放松，变得自满。

◎ 如果你指出事情发展不妙，他们会不开心，会制造麻烦。

◎ 要把事情做好很难，而我们缺乏将事情做好的技能。

◎ 反馈虽然很重要，但不是紧急要做的，我们没有时间反馈。

◎ 作为关乎个人发展的一件事情，反馈和我们手头在做的工作不相关。

这样的管理者通常将人们想象为上了发条的玩具车，一开始给他们上好发条，接下来，他们就能自己跑了。但我们都需要不断被"加油"。以肯定和建设性的反馈形式向人们提供信息可以让人们保持良好的绩效。最重要的是，它鼓励人们持之以恒，它使人们在困难或挫折面前自信地朝着正确的方向前进。

用积极的反馈去鼓励别人

一段时间以前，我在为苏格兰一家金融机构的一个小型管理团队举办团队活动。最后一天，他们决定去附近的一个庄园玩飞碟射击，以庆祝活动的成功，并巩固团建活动。我对此一点也不热心，因为我从来没有拿过枪，更不用说开枪了。然而，尽管我感到惶恐和担忧，这却是一次非常积极的经历。

当我回想自己为何会有如此感受时，我意识到这归功于教练对待我的方式。显然，他提供了一些关于如何安全使用枪支的基本指导，但真正起作用的是他在实际射击过程中所做的事情。每次射击之后，即使你没打中，他也会找到你某些可圈可点的地方对你进行表扬。然后，在你重新装弹并准备下一次射击时，他会给你一个关于如何提高的建议。这种方法增进了我的信心，提高了我的射击水平。

——约翰·撒切尔（John Thatcher，领导力发展顾问）

每个人都能成功。把握住做正确事情的人，以他们的优势和小成功为基础，继续前进。给你整个团队，或下属，或同事，甚至上级，一些肯定的反馈（或表扬）与向他们提供发展反馈（旨在提高未来绩效的建设性建议）一样重要。有关这种积极反馈的重要性，我们将在下一章更加清晰地讲解，这是下一章的主要内容。但归根结底，如何称呼这种反馈不重要，重要的是你这样做了。

矛盾的是，在某种程度上，巧妙地提出表扬比给出批评更加困难，因为表扬很容易被理解或误解为：

◎ 要人领情的。

◎ 勉强的。

◎ 不真诚的。

◎ 为达效果，刻意计算的。

◎ 过于慷慨的。

◎ 不公平的。

◎ 不是自发的。

◎ 不准确的。

◎ 高人一等的。

◎ 居高临下的。

表扬是评价的一种形式。"praise"（表扬）一词来源于希腊语中 "price"（价格）这个词。因此，"表扬"的意思是了解并表达你所见人或物的价格或价值。它可以指总体认可，或者对具体成就的肯定。在表扬中，判断的准确性以及诚实正直是必不可少的；否则，最糟糕的情况就是，表扬成为空洞、不真诚的赞美。这样的赞美之声可能很悦耳，却不会起到任何激励作用。

如何保持高涨的士气

想象一下，一个组织、团队或个人的动机相当于一笔银行存款。没有任何人会有无限量的存款。当动机耗尽时，人们的有效努力就会停止。这个意义上的动机就像资本，它总是被花掉的。面对没完没了的问题和挫折，我们一点点地消耗着库存的动机。或者，有的时候，一笔突然的"汇票"会导致我们账号中的动机清零。一些重大的挫折，也许还伴随着组织赖以生存的精神力量的崩塌，可能会导致士气的灾难性下降。

你自己本身是个充满热情、积极主动的人。在力所能及的范围内，你也挑选了积极主动的团队成员。你们已经设定了现实而又有挑战性的目标。这时，使命已经完成了吗？完全没有！这仅仅是开始。因为"激励"就如同雕刻一块石头，要不停打磨。它也像面包，需要一遍遍地被发酵、制作。因此，你要一直密切关注个人、团队和组织的动机或士气水平。士气包括态度、目的或精力。它代表：

◎ 个人或团队对所分配的功能或任务的心理和情感态度。

◎ 对一个团体的共同目标感。

个人心理健康和团队精神双重意义上的士气会有很大波动。士气有两个重要支柱：目标感和对未来的信心。这两个支柱可能会被动摇，甚至被巨大的变革击碎。

你需要问自己的第一个问题是：缺乏动机、士气低下这种情况有多普遍？这种情况会影响整个团队（组织）还是只影响一两个个体？

如果动机或士气的问题是普遍存在的，"团队"这一环就会出现某种或某些症状。这种症状可能体现在我们对团队的感观上，或者说是体现在团队的"气氛"中。人们讲话的方式既反映出又营造出特定的气氛或氛围。这种氛围可能不符合你的喜好。以下是一些暗示性的言论：

"我们正处于连败状态，我们永远无法超越对手。"

"我不知道我们付出这么多努力有什么好处。"

"似乎没人知道我们到底要去哪里，我们只是在原地打转。"

"这个行业没有未来。"

"为什么要费力做这些？还没开始，我们就已经被打败了。"

"要是我们有个更好的领导就好了。"

"这个战略计划只是纸上谈兵，目的是让总公司高兴。"

"在全球市场上，我们是一家二等企业，我们没有获胜的希望。"

基本上，这些通常在非正式场合听到的言论暗示了"任务"这一环存在的危险：

◎ 对最终胜利缺乏信心。

◎ 对现行计划缺乏信心。

◎ 对领导力缺乏信心。

◎ 缺乏自信和自豪感。

■ 启迪的艺术

除了个人专业能力和个人榜样之外，最有效地增加你"银行账户"上"动机余额"的方法就是与团队一起讨论未来的任务。在这种会谈中，只要你的行动计划是明显有道理的，你可以说服团队成员接受你的思维方式。关键在于要把你想传达的信息和你对团队的启发鼓舞艺术地结合在一起。鼓舞是超越信息的力量。

事实上，所有的交流，包括工作前的简会，都应该被视为触动他人心灵的机会。如果事情发展顺利，你会增加激励银行账户中的"动机收入"。或者，你可以在你的动机开始衰退时，为你的精神注入活力。

然而，有一条黄金法则需要我们遵循：在你试图鼓舞别人之前要给出信息。了解真实情况是激励的前提条件。只有真相才能激励鼓舞别人。

你要从总体上密切关注发生的一切，否则你不太可能做出必要的激励性干预。要关注和你一起工作的人们的面部表情，因为当人们需要被激励的时候，有时他们并不是通过语言告诉你的。

■ 练习9

你最近被任命为首都林荫大道酒店的经理。林荫大道假日酒店连锁集团正面临艰难的生存压力，集团的生死存亡在很大程度上取决于你能否将你经营的这家关键酒店从亏损企业转变为盈利企业。经过深思熟虑，董事会决定从逐渐减少的储备基金中拨出一大笔钱，用于酒店的装修和两家餐厅的升级改造。

总裁告诉你："最大的问题在于员工，他们非常有经验和资历。但是他们对自己没有信心。他们迟到早退，总是抱怨，甚至会和客户抱怨。一名服务员居然推荐我的一个朋友去入住爱克赛希尔大酒店，这个酒店是我们最大的竞争对手。你自己去酒店走走，就明白我刚刚所说的了。没有一个人微笑。他们闷闷不乐，不愿合作。我搞不清楚。我们是不是该把这批人都开掉？我们按照上涨的行情给他们开工资，但每个人都能少做就少做。这些懒惰的家伙们！"

你今天到酒店上任，明天上午将召集全体员工在宴会厅开会。你会对员工们说些什么？

在你试图激励或鼓舞你的团队或员工之前，先看看自己是否能给他们带来一些新信息，一些有关"任务"的好消息。这些消息可能有关计划的某个改变，而这种改变有可能带来更大的成功概率；或者可能有关于可用或即将可用的新资源（包括物质资料和人力资源），而这些新资源有助于推进事情的发展。回到你所构想的"任务"一环，检查如下几个方面：

◎ 所有相关方的整体目标价值。

◎ 共同目标或属性的清晰性。

◎ 对于"为什么"、"什么"以及"怎么样"的沟通。

◎ 将目标拆为小目标。

◎ 必要工具和资源的可用性。

◎ 团队领导力的质量。

◎ 在计划阶段的参与程度。

◎ 现有计划的可靠性。

◎ 是否有一些因素被忽略，如果有，是哪些。

如果"任务"环中的扭曲和阻塞可以被移除，那么，"团队"和"个人"的能量将再次流动起来。因此，要传达方向和计划的变化，这样才能让"节目"重新演起来。当你这样做时，你不仅会激励人们对未来充满信心，而且会让人们对你的领导力产生信心。

毫无疑问，你为团队或组织预见到的未来之路不会是一条容易的路。做领导，就是一直在爬坡。但人们，尤其是那些被谎言、虚假承诺、似是而非的希望和空洞的幻觉所折磨的人们，会欢迎这朴实无华的事实。你要传达的信息是：行动将变得愈加困难，但是，如果我们共同努力并下定决心，我们终将成功。

前方的路

我们的前景从未如此光明，问题也从未如此严峻。不认可这两句话的人，在未来的日子里，都不堪大用。

——约翰·加德纳（John Gardner）《没有简单的胜利》（*No Easy Victories*）

通过你的言行，向团队传达你对他们的信心。告诉他们，你相信他们的为人和专业性。有了你制订的计划和可用的资源，他们可以改变自己的表现。这会让和你一起工作的人发现他们自己身上的伟大。这是他们渴望听到的信息。通过重新规划，通过引入这样或那样的新鲜储备，你为干枯的树枝注入了新的能量。现在他们只等着你充满内在信念的燃情话语，去点燃他们的动机。这样做，你实际是重新触发了火箭发动机。

给我火，我就给你光

检查表：进步会激励人		
	是	否
当工作有进展时，你会积极地鼓励别人吗？	☐	☐
你会针对人们的表现给出常规反馈吗，不管是作为团队成员还是个人？	☐	☐
你能够在整体上审视并平衡"三环"，在关键点有效干预，然后退出干预吗？	☐	☐
你认为良好的士气是组织中的"额外选项"吗？	☐	☐

检查表：进步会激励人		
	是	否
企业的发展前景是否能鼓舞成员的精神？	☐	☐
你是否认为生产和销售社会所需要的商品和服务是一项基本没有激励性的活动？	☐	☐
如果进展放缓，你能激励他人做出更大的努力吗？	☐	☐
如果没有人鼓励你，你能在困难的环境中长期努力工作吗？	☐	☐

■ 关键点

● 士气来源于组织、团队或个人对共同任务的态度。在士气高涨的气氛中，人们渴望去工作。但士气就像天气一样，可能会波动。

● 勇气就像银行存款。如果一个人透支了账户，他/她会变得焦虑、有压力。好的领导者和好的同事可以做很多事情来鼓励那些暂时情绪低落的人，让他们重新振作起来。

● 更多的动机往往胜过更多的方法。作为一名管理者，要俯瞰整体，观察在行动开展时三环的相互作用。这样，你就可以看到需要在哪里进行积极的帮助和鼓励。

● 人们自己也能做事，但你作为一名领导起到至关重要的作用。

● 希望是人类精神的氧气。再看看你公司的愿景和核心价值观。有哪些旨在为人类提供一个更美好的未来？鼓励不仅仅是口头上的胡萝卜或大棒，也不仅仅是美好的言语，它应该触动心灵。

◉ 鼓舞永远不会独行。当你向团队或个人告知情况，以及计划、发展或进展时，在传达信息的同时加入一些鼓励。但记住，鼓舞要恰到好处，直切主题，不可滥用。

我相信，一个组织的成败与否，往往可以追溯到组织是否可以让成员充分发挥其巨大能量和才能。

——小托马斯·沃森（Thomas J.Watson Jnr，IBM前总裁）

16

将每个人当作一个独立个体对待

　　某次晚宴的主人，一个著名的哲学家问我："您接下来还想吃点什么？"他一边说，一边伸手去拿芝士和饼干。我问道："我可以吃些水果吗？"

　　"不，不，约翰，你不能这么做。"他回答道。我发现他的眼睛里闪着亮光。

　　"但是您的妻子刚刚放了一大碗水果到桌子上……"

　　"是的，是的，但是你不能吃水果——你可以吃一个苹果或一个梨子或一个香蕉，但不能吃水果。"

　　在这里，我们可以把人比作水果，你认识他们，他们的名字有的是"苹果"，有的是"梨子"。大部分关于人力管理的书籍，或者"人力资源管理"（在我看来，"人力资源"是个很糟糕的说法）的书籍，为你提供的都是关于团队或人员的普遍概述。你应该与你认识的人进行对话交流，并以此来让每个独立个体变得更好。

　　你要向人们询问：什么能激励他们？他们想要什么？只有了解这些，你才能深入了解他们。这些信息是你无法从书中获得的（也包括这本书）。因为没有任何一本书是针对个人的。我们每个人都是独立的一种水果，不能用广义概念上的"水果"这一总称来衡量。没有两个苹果是一样的。可以用来激励团队中某个人的方法并不一定适用于另一个人。

不是说每个人都清楚自己想要什么。我们的动机会随着年龄和环境的变化而变化。作为一名领导者，你的职责之一可能就是帮助个人明确他们在职业生涯的不同阶段所追寻的目标。

用三环模型来解释，你应该和团队整体建立关系并和每一个团队成员建立关系。对于与个人建立的这些关系，你也许会投入同样的价值和时间，但是你会发现你建立关系的对象们有着非常不同的性格。一段关系是两个人之间化学反应的产物，所以你的任何一段关系都是不能被复制的。

■ 首先，将每个人当作一个独立个体来对待

提醒你一下，如果你想让每个个体都能发挥最好的自己，你需要将他们每个人视为独立的个体来对待，而不是仅仅将他们泛泛地视为男人或女人、经理或员工、客户或供应商。这就如同你自己也希望被当作一个独立个体来对待。这里所说的道德义务也不能被简单理解为"你把我当作一个人，我就把你当作一个人"。对于一个有道德的人来说，不存在这样的有条件条款。我必须将你视为一个人来对待，因为你就是一个独立的人，不管你是否给予我回报。因此，把人当作"物"来对待，以各种形式来操控或利用一个人的做法将永远行不通。

这些关于所有人而不是特定人的原则，在高效激励和高效领导的背景下，对我来说是非常重要的。你的态度最终来源于你对人性的信念、看法或假设。如果你把你对人的基本认识弄错了，那么你对工作中的人们的态度就会在一定程度上出现问题。

我们需要在哪些方面培养员工

信任感	在自我发展和帮助别人发展时，信任自己和他人。人们在建立信任关系之前，不会进行重要的沟通
自主意识	一个人需要能够坚持自己的意志，并作为独立的人来反对他人。一个人既要成为他人的一部分，又要与他人保持不同。要归属，也要自立
首创精神	一个人要有首创精神。首创精神促使人们开拓新事业
勤 勉	找到能带给你成就感的职业有助于培养你的勤勉精神。勤勉精神在个人生活中起着中心作用
正直感	正直意味着学会坚持超脱于自我的标准或价值观。生活中有需要遵循的原则，正直感让我们去遵循这些规则，而不只是自私自利。正直有助于全人类的发展
安全感	人们喜欢并需要安全感。这种安全感来自理解他们与生活中其他重要人物的关系

为个人留出时间

管理者面临的一个问题就是，根本就没有时间与每个个体交谈，倾听他们的心声，更不用说找出激励他们的因素了。管理者很容易忽视个人的动机，而倾向于只与团队会面，特别是当他们面临"任务"所带来的巨大压力时。

一位国际银行家对我说："我只需要选出积极的人，然后就这样了。这些人知道回报是什么。他们也知道，我们的生意很艰难。如果我们不好好表现，我们就会被淘汰的。我在前面带路，希望他们能跟着我走。"

我问他："你难道不再做些其他事来鼓励、激励他们吗？"

他回答："约翰，你不知道在这个充满竞争的国际市场上，我们面临着多么紧迫的时间压力。留下最好的，炒掉其他的。这是我们的信条。我们不会去拍拍员工的肩膀鼓励他们或是给他们打气。我们是看重结果的。如果他们的贡献度低于最低标准，那他们就出局。"

"这听上去非常关注短期结果。"我评论道。

"没错。"他回答。

作为领导，你对员工的关注对他们来说比其他事情更具激励作用。你也许可以通过指导或咨询来帮助人们，这样他们就会成为专业人士，成为领导者或管理者。这种实际的帮助是向团队中的个人传达信息的最佳方式，这让他们知道，他们中的每一个人对这个企业都很重要。

最好的领导总有时间留给个人

布莱恩·霍洛克斯（Brian Horrocks）将军在陆军元帅蒙哥马利勋爵（Lord Montgomery）的领导下，在阿拉姆·哈尔法和阿拉曼战役中指挥了13个军团。在他的自传中，他回忆了蒙哥马利是如何找到时间来指导他团队中的每一个成员的，即便是在关键的军事行动中，他也总是能找到时间。

"阿拉姆·哈尔法战斗结束后的第二天，我正坐在总部里洋洋自得。战斗胜利了，我在战斗中没有受到伤害。还有什么比这更好的呢？之后，进来了一位第八军司令部的联络官，他给我带来一封蒙哥马利的信件。信上是这样说的：

'亲爱的霍洛克斯,

你做得很好。但你必须记住,你现在是一个军团指挥官,而不是一个师指挥官。'

"接下来,在信中,他列出了四五件我做错的事情,主要是因为我对下属指挥官执行的任务干涉太多。我刚刚的那种洋洋自得戛然而止。也许,我并不是完美的将军。但是关于这场战争,我思考得越多,就越觉得蒙哥马利说得对。所以,我给他打了电话,向他表达了感谢。

"我之所以提到这一点,是因为蒙哥马利是少数几个愿意培养下属的指挥官之一。除了他,谁还会在下属第一次取得重大胜利,改变了中东战争的整体局面之后,不辞辛苦地亲手给下属写这样一封信呢?"

——布莱恩·霍洛克斯《充实的一生》(*A Full Life*)

有些人可能需要这样的指导,另一些人可能需要就他们的前景进行一次坦诚的交谈。所有人都需要鼓励。大多数人也都会承认,他们有时需要一些鞭策才能做出更大的努力。了解如何在特定的情况下,针对不同个体给出最恰当的激励是领导艺术的一部分。有的人可能稍加提示就会做出反应,而另一些人可能需要更有力的提醒。

在第二次世界大战中,英国领导人温斯顿·丘吉尔不断地用鼓舞人心的演讲激励着他的同事们和国民们做出更大的努力。在他身边工作的人,没有一个人过得轻松。他说:"我当然不是那种需要被鞭策的人。事实上,如果非要形容我的话,我就是鞭子。"

如何让表现不佳者消失的案例研究

一位尚对此书存疑的经理对我说："对于表现不佳者，我们该怎么办？这方面的讲解在哪里？我找不到。我对这点尤其感兴趣，因为这是我们面临的最大问题。我们已尽一切努力改进我们的甄选制度。我们会交流，我们有激励计划。但是我们公司仍然有一些表现不佳者。"

是的。即便在一个由50名高成就者组成的团队中，也可能只有10—15人在思想素质、首创精神和帮助启发他人的能力方面尤其优秀。此外，还可能会有6—7个人处于"光谱"的另一端，他们不再奋发，成为低于平均水平的表现不佳者，甚至如"路人"般对工作漠不关心。

我的经理朋友说："我们团队里的'路人'更多。是的，我们有一些奋发者：超级成功的销售员，超额完成目标的人，可以托付任务、表现优秀的工作狂。但他们只占我们所雇佣人员的15%。对于表现不佳者，我们该做些什么？你有办法吗？"

针对此问题的案例研究在哪里？没有。为你工作的每一个人，都可以成为潜在的案例研究对象。要一对一地询问人们，为什么他们没有达到所商定的目标。找出现在能激励他们做事的动力。看看你是否能将他们的"个人"环和"任务"环之间的重叠部分加大。每个低成就者都可以成为案例研究的对象。去和他们谈谈，他们有你问题的答案。也许你们会达成共识：他们不在正确的岗位上。

恢复自信

土耳其有句谚语说："人比铁还硬，比石头还硬，又比玫瑰还娇嫩。"这句话巧妙地抓住了人性中的另一个悖论：在最坚硬的外表背后，往往有一种脆弱的敏感，很容易被故障损坏。

你什么时候觉得自己被激励了？在那段经历中，有哪些关键因素？是因为老师或领导的以身作则或者是由于他们所表现出的热切吗？是的。但是，还有其他的吗？

马尔科姆·威廉姆斯（Malcolm Williams）在30岁时成为一家生产食品加工机械的小公司的总经理。一切都很顺利，直到他在商业策略上与自己的家族发生争执。"我们不相信你能取得这样的结果。"他们告诉他。不久，家里的两个关键成员对他失去了作为领导和经理的全部信心，因此，他辞职了。

在找了两年工作之后，他开始在一家大型的企业集团担任销售代表。几个月之后，公司邀请他参与非洲地区分公司总裁的竞聘。"马尔科姆，我们知道你有巨大的潜力成为一名商业领袖，这是一个你向我们展示自己的机会。"

马尔科姆·威廉姆斯离开董事长办公室时备受鼓舞。他对自己的信心开始恢复。事实证明，他值得信任，不久后，他就升为一家大型上市公司的首席执行官。

有很多原因可以解释为什么某个人或某个集团的自信会受挫。也许这种自信在一开始就不是很高；也许这种自信已经被反复的失败、批评和挫折所侵蚀。如果你能接受一个认为自己"做不到"的人，并让他相信他可以做到，那么你就是在激励他。与其说是你将精神注入了他们，不如说是你激发了他们的精神，激发了他们本身就有的、潜在的资源。给他们一些挑战，可以在某种程度上达成这一目标。但这种挑战必须与你对他们的信心相匹配。帮助一个被他人轻视的人获得成功，没有什么比这更加具有创造性和值得去做的了。如果这样的人找到你，抓住这些机会，发挥创意，展现你的领导力。

在未来的6个月，何不多花些时间去和每个人单独交流呢？比如，你可以和他们共享一段旅程，借机花些时间和他们交流；或者邀请他们一起喝一杯或吃顿午餐。

为什么要这样做？因为每个个体都很重要，无论是作为人，还是作为达到共同目的的有价值手段。正如约翰·哈维—琼斯（John Harvey-Jones）爵士所写：

> 管理，归根结底，就是和人打交道。它是关于通过一群人的共同努力来实现目的和目标的。人们以及他们的个体愿望和技能是最大的变量，也是最重要的变量。

鼓励的"光谱"

鼓 励	给予希望、勇气、信心，通常伴随着积极的帮助
激 励	更新某人的精神，特别是给他追求行动的新勇气
鼓 舞	注入信心或决心，点燃热情，影响、感动、引导，用高贵或崇高的情感为别人注入生气，提振精神，使别人活跃；让别人开始新生活
支 持	为别人的事业提供支持，为他们的生存和成长提供必要的帮助和资源
增加勇气	给别人做事的信心，为别人注入勇气
刺 激	鞭策别人行动或做出努力，鼓动别人加快某项活动的进程

检查表：将每个人当作独特个体来对待	是	否
你的公司是否将每个人都当作独立个体来对待，无论他们的年龄、性别和种族背景？	☐	☐
你是否同意每个人都有不可剥夺的价值或尊严？	☐	☐
你是否知道自己团队里所有人的名字，并且如果你的团队成员是管理者的话，他们是否知道自己团队里所有人的名字？	☐	☐
你能找出每个向你汇报的人在个性、能力和动机上与其他人的不同之处吗？	☐	☐
你是否接受这样的观点：人们的动机可能会随着生活的展开而不时地改变？	☐	☐
你有没有留出时间去了解团队中的每一位成员并与他们一起工作？	☐	☐
就专业能力而言，你是否认为教练的角色是你领导职责的核心部分？	☐	☐
你是否认为你所在企业将你视为独特个体而不仅仅是将你视为一个经理？当你的家庭环境发生变化时，你所在企业是否表现出灵活性？	☐	☐

■ 关键点

◉ 你不能吃水果，你只能吃苹果、葡萄，等等。同样的原理适用于待人方式。

◉ 如果你不将个体视为人，将人视为个体也就没什么意义了，因为人们不会回应你。

◉ 没有任何其他方法可以理解一个人的动机，只能将他们视为独特个体与他们交谈，倾听他们所说的话。这样做本身就是一种激励，还可能帮助你理解和利用每个人的天生才能。

◉ "跌倒在路边的"人值得你特别注意。因为他们需要创造性的领导，帮助他们是一件很值得去做的事情。

我相信每个人在地球上都有自己的角色：确切地说，每个人的角色与其他人都不一样。

——安德烈·纪德（André Gide）

17

提供公平的奖励

在所有的工作中，我们都会平衡我们的付出和期待得到的东西。公平或正义意味着回报在价值上应与贡献相等。业绩应该与奖励挂钩，正如晋升应该与功劳挂钩。90%的人在90%的时间都会按照这种基本原理或"期望理论"模式行事。

给予公平的回报这件事，在很多情况下说起来容易做起来难。但是这条原理仍然很重要，我们需要找到使用这条原理的方式。罗马皇帝查士丁尼（Justinian）写道："正义意味着要有强烈持久的意志，给予每个人应得的权利。"任何对分配奖赏有自由裁量权的领导人都应该有这种真诚和持久的意愿。

在这一原则的使用中，尤其要关注金钱报酬。如果不在金钱报酬上体现公平，就可能导致动力和士气的低落。当报酬很低时，工人们在工作上投入的精力就更少了。金钱是一个关键的激励因素。因此，恰当的工作评估方案是至关重要的，它应该包括对员工价值的正确评估。

■ 钱，钱，还是钱

一位著名的房地产开发商曾被问道，购买商业地产最重要的标准是什么。"地段，地段，还是地段。"他回答。当谈到对所做工作的奖励时，

163

人们往往会以同样的方式回答你："钱，钱，还是钱。"

当然，除了在工作中可以获得金钱回报之外，我们还可以获得许多其他回报，正如马斯洛需求层次理论所说的那样。职业发展和个人成长的机会对很多人来说尤其宝贵。但对大多数人来说，金钱具有战略重要性，金钱体现了对他们贡献重要性的认可程度。作为交换的手段和财富的储存形式，金钱可能是你能给予的最有用的物质奖励。

经济报酬在个人动机中所起的实际作用随个体的不同而有很大的差异。因为金钱作为激励因素的价值将取决于个人的需求和期望，正如我们在第2章探索"期望理论"时所讲到的。然而，货币的战略重要性源于其独特的功能或特点。

我们对中世纪基于互惠和等价交易的信条，即任何工作都会带来公正的工资，已经失去了信心；当然这种信心的丧失也许只是暂时的。我们承认，工资、薪金或酬劳就如同价格一样，随雇佣市场的变化而变化。理智的人会认为，所谓公平，指的是为雇员所做的工作提供符合市场"现行行情"范围内的报酬。报酬的级别或总量总是受到来自两方的压力：想要获得更多的雇员和想要付出更少的雇主。

金钱的功能

功　能	解　释
交换手段	金钱现在是我们的主要交换手段。这是它的主要功能。然而，它的这种功能总是被下一个功能所掩盖
财富的储存形式	存钱是我们最方便的一种财富储存方式。财富（或者金钱）代表着购买力。只要金钱没有被偷走，并且没有因为通货膨胀而贬值，那么，银行中存的钱就是我们"延迟"的购买力

（续表）

功　能	解　释
比较的基础	与大多数激励因素不同，金钱是可以精确衡量的。因此，它是与其他人和其他组织进行比较的标准或准绳。工资或收入的增加也是衡量个人职业发展的一个指标
给予肯定的方式	以奖金、红利或专项奖励的形式给予的金钱可以成为一种有力的认可或表达感谢的手段
包罗万象	金钱明显可以用来解决更多基本的需求——食物、住所、健康和安全。金钱在满足我们更高需求方面也起重要作用。比如，教育可以让我们更好地实现自我，但是获得教育是要花钱的。旅行也是

在讨论互惠原则的时候，我曾经讲过：你付出越多，得到的回报可能也越多。这条原则也同样适用于金钱吗？如果你支付给员工的薪酬超出了正常水平，或者超过了市场公认的工作薪酬上限，他们会不会在工作中超水平发挥呢？

为什么薪水会让你不快乐

由于金钱伴随着地位、责任、成功、独立或安全感的提高，因此金钱是我们用来衡量某些事情的标准，也是我们常常谈论的要素，它不是一个隐性的因素。我们注意到：我们更加关注在与别人的对比中发现的劣势，而不那么关注我们在对比中发现的优势。换言之，我们以金钱作为衡量标准来进行比较。当发现不利或不公平情况时，我们会不满意。当我们通过比较，发现情况良好时，我们会把它归结为"运气"。从某种意义上说，正如赫茨伯格所说，"金钱"不是"保健"

因素，"公平"是。薪酬的绝对水平往往不是一个问题，但是薪酬是否公平是一个问题：相对于他人是否公平，相对于自己的薪酬曲线是否公平，相对于未来的期望和自我概念是否公平。很多行业工会裁决的纠纷往往不出自金钱问题，而出自公平问题。

——查尔斯·汉迪（Charles Handy）《组织的概念》（*Understanding Organizations*）

从个人角度讲，我接受赫茨伯格的观点。他认为：与其说金钱可以激励你，不如说金钱（如果你认为酬劳不公的话）更容易让你不满或不开心。当你在心理上适应了新的收入水平时，当你的支出也适应了新的收入水平时，再慷慨的加薪也会逐渐失去激励作用。这样说并不是反对你给人们合适的薪水，而是提醒你，不要指望工资上涨超过一定水平，就会带来动机的大幅提升。

总的来说，给员工付工资的标准应该基于公平或公正，而非出于对动机因素的考虑。如果你付的薪酬低于人们所认为的公平水平，就会导致人们不满、动机下降。高薪是让人们发挥最大潜能的必要因素，但是仅有高薪还不够——特别当高薪是唯一的因素时。

■ 绩效工资

除了拿月薪和周薪这种固定工资的人们，还有一些人是根据他们所做的事情获取报酬。很多职业都属于这种，比如园丁、作家、装饰师、管理顾问等。由于客户在工作完成后直接支付报酬，这些职业的报酬往往和绩效表现联系得更加紧密。

似乎最符合人性的是两种支付方式的混合或组合：固定和可变。

大多数人，如果他们刚刚组建家庭，需要挣钱养家，希望或更喜欢获得固定收入。有了固定收入，你可以支付房屋抵押贷款和超市账单，可以买衣服和支付煤水电费。

但是我们也喜欢可变收入，可变收入取决于我们自己的选择、努力和技能。这类收入不是那么容易预测的，也更令人兴奋。也许这取决于我们狩猎采集的本能。

> 一天晚上，我在一艘北极拖网渔船甲板上的灯光下工作。我们在那里工作了16个小时：拖网，大批地捕捞银鱼。寒冷的风夹杂着雪吹得拖网渔船在海上摇晃。
>
> "好消息，伙计们，"大副宣布，"船长说我们刚刚遇到另一个大鳕鱼群。我们今晚应该再工作三四个小时。""真倒霉。"我对自己说，我感到筋疲力尽。在过去的一个小时里，我脑子里只想着回到温暖的船舱，躺倒在我的床铺上。
>
> "加把劲儿，杰克，"大副对我说，"捕到的东西有我的一份，也有你的一份。我们这趟出来会赚大钱的。"我们确实赚了很多钱。
>
> 多亏了那个大鳕鱼群，在三周的航程中，作为一名普通水手，我的报酬几乎翻了一番。

固定—可变收入原则似乎适用于广泛的行业。如，在英国为国家卫生服务机构工作的外科医生可以获得工资，但他们也已经通过谈判与机构签订了合同，机构允许他们从私人病人那里赚取费用。出租车司机和服务员有小费可以作为可变收入，一般而言与他们的工作表现有关。在车间里，加班盛行的现象也是这一原则在工作中的又一体现。

我们可以对这一原则做出更进一步的拓展：将某人的部分薪酬固定下来（这部分就是传统的工资或薪水），另一部分工资与业绩挂钩。例如，销售代表可以根据他/她的销售额获取工资以外的佣金。

这一原则确实构成一个很重要的激励因素。从北极拖网渔船的故事中你可以看到它的工作原理。人们可以分享由于共同任务的成功完成而带来的好处。除了经济上的回报，以其他形式参与福利分享的人们也会感到更强的动力和责任感。他们已然成为公司的合伙人。这一原则的应用所带来的承诺感也不仅仅适用于可以获取更大利益的管理者（就像拖网渔船上的大副），它同样适用于普通员工。

绝望的主人

EFFECTIVE MOTIVATION

詹姆斯·吉尔罗伊（James Gilroy）创办了一家公司，生产一种装配式的、低成本但高质量的住房。他从他的父亲那里继承了一座大宅、大约3000英亩（约12平方千米）的农田和一大笔税收。创办住房公司是出于多样经营的目的。

最开始的时候，一切进展顺利。但是之后，经济衰退和一些负面宣传对公司造成重创。詹姆斯努力激励工人，但收效甚微。

有一天，他到院子里召集剩下的18个工人开会。他给他们看了所有的账目和订单，解释说他们快要破产了。然后，他把20%的利润分给了员工。

"这就是我们一直在等待的。"员工代表说。

一年之后，公司开始收支平衡，之后开始盈利。最终，公司被以高价卖出，每个人都从中获利很多。

绩效工资可以有几种形式，奖金也许是最常见的一种。"bonus"（奖金）这个词来源于拉丁语，指的是"好东西"，在通常意义或严格意义上，指的是作为补偿给予的金钱或其等价物。奖金是超出人们预期的收入。如果公司取得一系列成功，人们已经或多或少地对奖金有所期待，那么奖金的激励作用可能会减弱。这时，奖金减少或没有奖金将引起不满。

与绩效挂钩的薪酬体系涉及的另一个问题是要适当地限制薪酬。公司成功获利时，你是否会按照职级划分，向公司的所有人分配奖金呢？这是纳尔逊时代皇家海军所采用的原则：每当有被俘的战舰被拍卖时，所获暴利会按照等级分成。海军上尉无疑会获取大部分，但是船上的其他船员也会很幸运，变得相对富有。怪不得这些船员都喜欢在像纳尔逊这样的海军上尉的船上服役。

换句话说，你是否奖励了全体团队成员？有时很难将利润分配给一个大型组织中的特定团队，即便在信息技术的帮助下。组织各部门的团队合作——尤其是财务、会计和行政部门——对"利润中心"的成功结算起着重要作用。如果你试图让个人的部分工资和绩效挂钩，你也会面临同样的问题。

我想说的是，这些问题并没有使绩效工资这一原则失效。但是，这些问题是你必须思考的，尤其是当你试图将绩效薪酬体系的要素引入非营利组织时。如果你没做好，你可能会加深组织中所有潜在的分歧，分裂团队或挫败个人。或许更为严重的是，你可能在宣扬这样一种假设：追求个人利益是人性的主要动机，也是服务组织最合适的动机。你认为这两种说法都是对的吗？

如何正确使用固定—可变原则，避免掉入其陷阱，同时又获得收益呢？如果你领导一个组织，你可能需要寻求外部专家的帮助；如果你还没这样做，应该着手去做。原则上，你要尽可能简化与绩效或利润分享相关的元素，并确保团队成员或员工不会认为你的方案不公平。

用奖励来激励

利润分享计划，无论是通过给员工配股还是分配基于业绩的奖金，都是以公平的方式将绩效与奖励联系起来的战略途径。它们当然是公平的。从雇主的角度来看，它们也很有吸引力。如果没有利润，就没有奖金。如果没人买这本书，出版商就不必支付版税。另一方面，如果有成千上万的人购买你的产品或服务，你就要将奖励分发给员工。

从本质上讲，激励更具策略性。员工激励计划可以非常有效地让员工付出额外的努力，因此非常值得在这里讨论。与之相似的策划通常是针对消费者的，比如，积分计划或免费航空里程。这类的策划更多地属于促销领域，因此不在本书的谈论范围之内。

在最开始

1922年，美国俄亥俄州代顿市一家箱包店的助理埃尔顿·麦克唐纳（Elton F.MacDonald），被当地一家制造公司的销售经理找到。"你能给我们提供一些公文包吗？公司马上举办销售竞赛，我们可以把这些公文包作为奖品送给我们的销售代表。"他问道。

当时只有18岁的麦克唐纳不久之后就做成了这笔生意。他向销售经理建议道："你可以在后续的比赛中提供行李箱或其他商品作为奖品以保持员工的干劲儿，你不认为这是个好主意吗？"在第二次销售完成之后，他设计了一张传单，上面列出了许多不同价值的奖品，获奖

者可以根据自己的绩效水平来选择。这件事成为一颗种子，随后麦克唐纳建立了世界上第一家专业激励公司。

在接下来的几十年里，商品清单不断增长，最终出现了奖励性旅游。此外，那些参与激励计划的人也扩大到了销售队伍之外，包括了所有经理和员工。现在，它被更广泛地用于其他参与者，这些人之前都是被排除在外的：批发商、分销商、经销商和零售商。

激励计划的目的，如上文所述，只是为了提高绩效。研究表明，如果规划合理，激励计划可以带来高达25%的业绩提升。然而，制定一个有效的激励计划并不容易。例如，正确判断哪一个奖项最适合你的员工，可以决定激励计划的成败。

除非管理得当，否则制订激励计划是没有意义的。我们必须对比成本和可能的收益。你可能会认为，只要给员工一份高薪，并在其中加入奖金或利润分享元素，就足以激励员工（就物质奖励而言）；而我们在许多一流公司中发现，以竞赛奖品的形式提供那么一点点额外的奖励，就会对员工表现产生重要影响。但要确保人们在公平的条件下竞争，有平等的成功机会。另外，不要过分强调竞争：记住，竞争不仅会产生赢家，也会产生输家，输家会感到沮丧。如果你选这条路来提高员工表现，要将计划设计得有趣并确保每个人都能从中获益。

激励奖

奖 励	优 点	缺 点
现 金	简单、有成本效益、有弹性、被大多数公司所使用	也许会让员工认为经理冷漠、算计。员工会认为这是对他们时间和技能的操控

171

（续表）

奖　励	优　点	缺　点
代金券	简单	可能看起来比现金更加有刺激性
商　品	可以选择，体现出管理层的用心思考	更大的管理成本，要打印奖品手册
旅　行	就知觉价值而言，是最好的激励物。在获奖者是夫妻或伴侣的时候，尤其适用	最昂贵，很高的管理成本，让人们对明年充满更高的期待

检查表：提供合理的奖励	是	否
你是否认为贵公司的财务或与财务相关的奖励制度不公平？	☐	☐
你是否认为超过某个点之后，金钱不再起激励作用？	☐	☐
你所获的经济奖励是否包括"固定－可变"元素？	☐	☐
你是否相信可以获得与绩效挂钩的收入？	☐	☐
与绩效相关的可变收入是否应支付给组织、团队或个人，贵公司对此是否已有决断？	☐	☐
在接下来的一年，信息系统的升级是否会带来奖励计划的改进？	☐	☐
你是否考虑对销售人员之外的人员制订奖励计划？	☐	☐
贵公司的薪酬体系是否充分、准确地体现了对公司公开宣扬行为的奖励？	☐	☐
高级管理人员是否用加薪、奖金或股票期权奖励了自己，而同时又认为对普通员工不需要给予这些？	☐	☐

关键点

⊙ 金钱是当今职场中重要的奖励手段，因为金钱是交流的手段、财富储存载体、与别人比较的基础、获得认可的标志和满足我们及家人需求的基础。

⊙ 然而，金钱虽然有时能让你产生很高的积极性，但是它有时更能让你在工作中产生不快乐和不满足的感觉。

⊙ 绩效工资在原则上是合理的，但是在实践中往往会遇到很多问题。

⊙ 一般来说，人们喜欢在工资中加入一个固定因素和一个可变因素，后者更直接地取决于工作结果。

⊙ 根据这一原则，奖励计划在整体激励策略中可以发挥作用。但实际上奖励计划作为一种对员工的认可更为有效，并且现金并不总是最好的奖励。运营此类计划的成本始终要与收益相平衡。

你奖励别人，你会得到更多。你的所得并非你希望、要求或祈求就能实现的。你的所得取决于你对别人的奖励。

——迈克尔·勒博伊（Michael le Boeif）

18

给予肯定

我们都珍视正面的认可。当某个重要人物对我们所做的贡献表示某种真正的赞赏时，这对我们来说是宝贵的时刻。

如果我们知道自己的努力工作可以赢得一些认可，难道我们会不想好好工作吗？而如果我们没有得到团队领导或同事的关注，我们往往会感到被忽视、不被重视和没有回报。我们的动力下降，我们的能量水平下降，我们的精神下降。

因此，不要低估认可作为激励因素的力量。它是人类精神的氧气。如果你回头看看赫茨伯格的研究，你会发现在工作满意度的影响因素中，人们有多么重视被认可。对许多人来说，获得认可的前景比金钱更重要，因为它能激励人们付出巨大的努力。正如弥尔顿所写：

> 名望可以鼓舞精神……
> 它可以让人们轻视享乐，甘于过艰苦的日子。

认可来自哪里？可以有很多来源。对名人来说，这是一个公众评价的问题。"fame"（名望）这个词来源于拉丁语"*fama*"，指的是"报道"。所以"名望"就是人们如何谈论你，这些成为你的个人声誉。如果你总是被谈起（尤其是被赞美），你就会获得公众声誉或名声。如果这种声望是基于重大成就，那么恭喜你，你就真正出名了。

当然，个人也可以通过博取别人关注更容易地获取一种虚假的名声。比如，足球运动员、电视名人或流行歌星，很容易在我们的社会中成名。尽管这样的名声仍然带有积极的含义，但它仅仅代表受欢迎程度或普遍认可，而不代表有识别力的认可或内在的卓越。媒体在很大程度上可以创造或打破这种受欢迎度或认可。如果你能负担得起，并且有意为之，你甚至可以聘请一家公关公司，引导大众以你喜欢的方式来谈论你或你的公司。

然而，我们绝大多数人并不是注定要成为真正意义上的名人。目前人类社会所取得的成就在历史上绝无仅有，但我们现在更倾向于作为团队成员来取得成就。

因此，对我们大多数人来说，认可是特定的，而非一般的。认可来自了解我们的个人或专业人士。作为领导或是团队成员，你要给予认可。

■ 认可的特点

有正式的认可，也有非正式的认可。你需要在某些正式场合认可某一贡献的质量或价值，这一贡献可能是个人的努力或团队的努力。还会有很多非正式的场合，你可以表达自己的欣赏和肯定。但是这两种形式的认可都有一些特定的标准或特点：

◎ 给予认可应该遵守有关领导力的基本原则：公平、平等地对待每一个人。

◎ 它应该奖励真正的成就或是对共同利益的贡献，而不是以个人利益的获取为标准。

◎ 它应该反映出企业的核心价值。

◎ 它应该可以对所有相关人员起到指导和鼓励的作用。

◎ 因此，在可能的情况下，应该在团队或组织面前以公开的方式进行。

◎ 要给予正式的认可，也要给予非正式的认可。

◎ 最重要的是，要真诚、发自真心。

最后一点非常重要。人们会看穿不真诚的认可。在值得的时候，适时表现出欣赏；但也不要太吝啬，非要等到一切十分明朗的时候，才给予认可。记住我们第9章讲过的：作为领导，要高瞻远瞩。去你所在的公司到处走走，找到合适的理由去赞美或感谢人们。大部分时间，如果你注意观察、仔细倾听，你会很容易看到值得表扬的行为、表现或结果。在某些时候，你也许需要仔细寻找，因为你所在的世界里充满了值得关注和表扬却又不易被发现的事情。

比如，许多人为了完成任务做自己要做的事情，他们不会去刻意引起别人的关注。这样的人是谦虚的，因为他们不是咄咄逼人、自作主张的，也不是自负或专横的。他们认为自己的贡献是中等或少量的。如果将认可或奖励给予他们，他们会以低调的方式真诚地接受，而不仅仅是假装这样做。他们越是谦虚谦逊，就越不希望或要求别人以特殊的方式对待他们；他们也不会夸大自己的重要性。他们不会刻意展示，去吸引你的注意力。顺便说一句，作为一个领导者，你应该属于这一类。

真正的荣耀

绝大多数领导人都满足于在自己选择的领域工作，而不考虑荣誉或奖励，他们分布于各个领域，世界欠他们应得的认可。我能想到最好的例子就是约瑟夫·李斯特（Joseph Lister），外科消毒法的创始人，也许是英国最伟大的医学领袖。

当他在 1898 年获得爱丁堡自由奖时，他说："我必须承认，尽管我非常非常尊重我被授予的荣誉，但相比在某种程度上减少人类苦难的希冀，所有世俗的荣誉与勋章在我看来都显得微不足道。"

因此，如果你没有发现值得认可的杰出成就，那么就继续寻找。对于超越职责范围的成就，要毫不保留地给予欣赏和赞扬。在人们的工作中，发现不同级别的优秀。在每一份工作中，平均或正常的表现与优秀的表现之间都有差别。这也适用于组织中的常规性或管理性工作：这类工作维护组织的日常运转，而非导向未来。

萨莉·布朗普顿（Sally Bromptom）供职于一家名为丹尼詹金斯的中型印刷公司，她在该公司的会计部上班。她在发送发票方面的敏捷性、准确性和在接听电话时一贯的礼貌给一位大客户留下了深刻的印象。有一次，这位大客户在一次贸易博览会上向该公司的总经理提及了这些。他说："我喜欢与你们做生意，部分原因在于你们在处理与我的财务往来时，显示出了专业性和友好性。"总经理大卫·史密斯（David Smith）说："谢谢您，我们喜欢让我们的客户高兴。"但是，总经理却忽略了一件事，他没有找出负责这位大客户账务工作的具体员工。因此，萨莉当时没有得到总经理的认可。但是过后……

是的，这样的优质员工应该被回报以工资奖励。毫无疑问，故事中的萨莉·布朗普顿认为她所做的只是"工作的一部分"。然而，如果你不能时不时地向你的团队成员表达感谢，谢谢他们一直以来把常规事务性工作完成得这么出色，他们也许就会感觉自己的付出不被重视。想想你每天在家里要完成的常规性任务。如果有人在某个时候对餐桌上的饭菜、干净的房子、洗过的衣服、整齐的花园、运输接送等表示出赞赏，你的精神难道不会焕然一新吗？请注意，我们并不是一直在寻找认可——只是偶尔一次就足够了。

即使没有突出的品质或任何显著的贡献，团队的每一个成员也都值得表扬，因为他们是促使团队有效运转的一分子。从激励角度讲，秘诀就是要把每个人都当作个体来对待。因为我们每个人都有自己特别的"导火线"，能激励一个人的事情未必可以激励另一个人。但是，正如我们之前所讲的，前提是把每个个体都当作人来对待。做人就是要有尊严或价值，无论是体现在你自己身上，还是体现在你为他人所做的贡献上——这种贡献就如同你为生活在地球上所付出的租金。当你称赞一个人是团队中有价值的成员时，你是在肯定他们作为一个人的价值。我们不光为面包而工作。我们需要时不时地（不是每天）感谢团队或个人所付出的工作。

练习 10

列一张清单，列出你所在组织中那些通常很少受到关注、没有得到表扬的人。他们包括维持整体系统平稳运行的人。让我先给你列出一些。

1. 接待员

2. 接线员

3. 保安

4. 收发室员工

5.

6.

7.

8.

9.

10.

你可以拓展这个列表，将与你有联系的组织中的工作人员，如供应商、零售商或客户等，都包括进来。向这些人员的主管经理反馈他们的优质服务有助于他们所在的组织对他们给予表扬，也有助于巩固你与该组织的友谊。好的客户会给予认可以及其他反馈，而不仅仅只为商品或服务付钱。

履行领导力的所有职能需要技巧（而不仅仅是敷衍完成），给予认可同样需要技巧。我们已经谈到赞美艺术的一些基本要素。众所周知，做好这件事会让你有所收获，但同时，做好这件事也很困难。

赞美与责备：一些谚语

一个诚实的人会被不公正的表扬所伤害。

太多赞扬是一种负担。

我大声赞美，轻轻责备。

赞美就是我们的回报。

> 所有声音中最悦耳的就是赞美声。
>
> 谨慎赞美，更要谨慎责备。
>
> 赞美总是令人愉快的。
>
> 表扬使好人变得更好，坏人变得更坏。

不要觉得因为给予认可需要技巧，就意味着做这件事需要算计、缺乏自发性甚至具有操控的嫌疑。艺术和技巧与自然自发并不矛盾。它们能有效地帮助你做最好最自然的自己。"优雅不会破坏自然，"托马斯·阿奎那（Thomas Aquinas）写道，"只会完善自然。"

还要记住，我所说的技能包括非常基本的东西。看看萨莉·布朗普顿故事的第二部分。

在丹尼詹金斯有限公司召开的一次全体员工会议上，总经理大卫·史密斯突然想起了那个大客户对财务部门的看法。

"我想祝贺你们所有人，"他说，"但尤其要特别祝贺一个人……"他低头看了看文件，之后他继续，"他叫什么名字？"他小声地问财务总监，财务总监又小声地问财务经理同样的问题。

"他们连我的名字也不知道。"萨莉对坐在她旁边的人说。随之而来的公开感谢让她感觉相当尴尬。在一家雇用了250人的公司里，她是一个无名之辈，甚至对财务总监来说也是如此，公开感谢也无法抵消她对这个事实的认识。

　　"认可"（recognize）[1]其实就是重新了解。你在一次会议中"认出"了以前就相识的熟人。这个意义上的"认出"就是重新了解的意思，这个重新了解的过程涉及重新回忆起这个人的标志性特征。"认可"的含义由此衍生而来，意味着对某人或某事的价值有了更清晰的认知。如果你尚且不能"认出"某人，不知道他/她的名字，又何谈"认可"他/她的价值呢？

　　因此，作为一名领导，首先你要知道你团队成员的名字。如果你是团队领导的话（比如财务部经理），这件事对你来说并不困难。如果你是运营领导，有很多团队向你汇报，这件事更不容易一些。而作为领导一个企业的战略领导，你也许发现："知道每个人的名字"这条规则几乎不太可能实现。是这样吗？但至少你需要知道每一个经理的名字。

　　很久以前，古希腊将军色诺芬（Xenophon，年轻时曾是苏格拉底的学生）就强调，知道军官的名字对于军事领导人来说非常重要。每个机械师都了解他所用工具的名称；每个外科医生都了解他所用器械的名称。如果将军不了解他手下军官的名字，这会是一件多么愚蠢的事情。色诺芬指出：那些意识到将军非常了解自己的军官们会比其他军官表现得更加出色。

　　即使法国大军有50多万人，拿破仑仍然知道所有团里军官的名字，所以当他到团里视察时，能直呼军官的名字。他非凡的记忆力还让他了解每个团都是在哪里被征收的、在哪里赢得过荣誉。历史上，除了亚历山大大帝或恺撒大帝之外，没有任何一位将军比拿破仑更深谙认可的力量，并运用此力量来激励人们。然而，必须补充的是，他经常以一种愤世嫉俗和操纵性的方式使用它，用以实现他自己傲慢的、以自我为中心的野心。

1　在英文中，recognize有"认出""辨认""认可"的含义。——译者注

如何认可业绩

像希腊和罗马时代以来的大多数军队一样，拿破仑可以提供一系列头衔、荣誉、晋升和勋章作为认可的象征。这种荣誉制度在给予认可方面可以发挥重要作用，但并非全部。

金钱有时可以被用来表达欣赏，但在本书所讨论的情境中它的价值相对较小（参见前文"激励奖"表格）。它可以让人们有种期望：良好的工作表现，即便是日常工作，都将带来金钱回报。物质性的礼物馈赠也是如此。因为金钱是一种普遍的衡量标准，我们更容易对比团队或个人之间的经济回报。而如果金钱馈赠被认为是不公平的，那么不满情绪就会滋生，这背离了你的初衷。

不以这种方式使用现金的原则有一个例外情况：旨在省钱的建议计划。当员工对工作变动提出建议，而这种建议会带来资金的节省时，将这部分节省的资金分出一部分给提供建议的人是很有意义的。然而，建议计划就像激励计划一样，必须经过适当的设计、管理和维护。

最主要的给予认可的方式就是用语言表达感谢，尤其是当着同侪的面。给予其他的奖章或礼物可以作为辅助性方式。写一封推荐信也很有价值。要确保推荐信的一个副本进入个人档案，这就等同于在正式文件中给予认可。

有很多种方法可以加强你所表达的感谢。我在这里列出一些：

◎ 一天带薪假。

◎ 一些小礼物，比如一瓶红酒。

◎ 小范围聚在一起喝一杯。

◎ 戏剧、音乐会或体育比赛的门票。

◎ 分配一项特殊的、有趣的、重要的任务。

◎ 工作头衔的改变、晋升或新的岗位。

可做的不止这些。要有创意地思考。寻找新的、有吸引力的方式来表明你很重视员工所做出的贡献，这些贡献让团队能够实现既现实又有挑战性的目标。毫无疑问，你所在组织一定有其特定的组织文化，有表彰和奖励优秀业绩的先例，你没有理由不发扬这一传统。你可以向团队征求意见。

慎重地表扬

最后，要注意一点：不要过度。如果你对人们表现出欣赏，人们会非常开心（至少在内心十分开心）。如果他们表现杰出，值得肯定，他们就应该被肯定。互惠和对等的法则将起作用，所以人们在某种程度上期望获得与他们工作的价值所对等的回报，这种回报体现在尊重中。事实上，对我们来说没有什么比他人的喜爱更有价值。这也许就是为什么罗马皇帝和哲学家马库斯·奥雷利乌斯（Marcus Aurelius）建议各国领导人："全心全意地爱那些人，这是你的财富。"

但是赞美欣赏之词如同金钱，如果说得太多、太不加思考，就会贬值。由于缺乏语言的准确性和谨慎性，管理者总是使用最高级来达到效果。这种夸张的语言，比轻描淡写更糟糕，失去了它的优势。你的一句好话真的有价值吗？如果你把珍珠当干豌豆一样扔来扔去，这显然是不行的。

有效赞扬

一脸严肃的交响乐指挥家奥托·克伦佩雷尔（Otto Klemperer）要求演奏者发挥出最好的水平，当演奏者做到这一点时，他并没有欣喜若狂。然而，在一次演出之后，他对管弦乐队非常满意，他大声说："太好了！"乐师们不知所措，爆发出掌声。

"也没有那么好。"克伦佩雷尔说道，脸上挂着罕见的笑容。

谨慎地赞美，尽情地感谢。

抓住每一个机会

尽管有很多人提到金钱，我相信认可往往是一个更强大的动力。正如我所暗示的，对人们来说，金钱代表的往往不是可以购买更多的物质商品，而是一种有形的认可象征。人们对认可的渴望是普遍存在的。对有天赋的人来说，这相当于对名誉或荣誉的渴望。

作为一名领导，你应该以多种方式给予肯定、表达欣赏。一句真诚的"做得好"或"谢谢"可以对提升一个人的斗志产生奇妙作用。

但同样重要的是，要营造一种氛围，让每个人都认识到团队其他成员的贡献和价值。相对于上级，我们更看重同侪对自己的表扬。我们是群居动物，渴望得到别人的尊重。如果没有人源源不断地往我们的"账户"里"存钱"，我们很难维持收支平衡、保持自尊心。

抓住每一个机会，然后，给予认可。我们不能总是要求结果。看到他人所做事情的价值，然后表达你的欣赏与感谢。

检查表：给予认可		
	是	**否**
你自己有没有得到过比金钱更重要的认可？	☐	☐
你认为为什么很多管理者不情愿给予认可？		
1. 因为他们不知道发生了什么。	☐	☐
2. 因为他们把功劳都算在自己身上，把失误都归咎于别人。	☐	☐
3. 因为他们缺乏给予认可的技巧。	☐	☐
4. 因为他们不关心别人。	☐	☐
再列出两个其他原因：		
5. ＿＿＿＿＿＿＿＿＿＿＿＿＿＿＿＿＿＿＿＿＿＿＿＿＿＿＿		
6. ＿＿＿＿＿＿＿＿＿＿＿＿＿＿＿＿＿＿＿＿＿＿＿＿＿＿＿		
你知道所有为你团队的成功做出贡献的人的名字吗？	☐	☐
你上周说了几次"谢谢"？		
1–5☐ 6–10☐ 多于10☐		
除了口头表扬，你所在组织是否还提供一些具体礼物或奖章来表达认可？	☐	☐
在你的组织中，给予认可和奖励是否变得敷衍乏味？	☐	☐
如果你对上面一个问题的回答是肯定的，你可以采取哪五种方式来使"给予认可"这件事重新变得新鲜、真诚和有魅力？		
1. ＿＿＿＿＿＿＿＿＿＿＿＿＿＿＿＿＿＿＿＿＿＿＿＿＿＿＿		
2. ＿＿＿＿＿＿＿＿＿＿＿＿＿＿＿＿＿＿＿＿＿＿＿＿＿＿＿		
3. ＿＿＿＿＿＿＿＿＿＿＿＿＿＿＿＿＿＿＿＿＿＿＿＿＿＿＿		
4. ＿＿＿＿＿＿＿＿＿＿＿＿＿＿＿＿＿＿＿＿＿＿＿＿＿＿＿		
5. ＿＿＿＿＿＿＿＿＿＿＿＿＿＿＿＿＿＿＿＿＿＿＿＿＿＿＿		

关键点

◉ 每个人都看重积极的认可。当他们做了一些职责范围之外的非同寻常的事情时，他们就会寻求认可。

◉ 应该平等地基于功绩给予认可。应该奖励真正的成就或对共同利益的贡献。

◉ 可以在正式场合给予认可，也可以在非正式场合给予认可。要想让认可有价值，要做到真诚。在公开场合（比如在会议中或在公告牌上）给予认可更能体现其价值。

◉ 作为管理者，你要清楚知道你所在组织中的每个人都在做什么，这样你才能找出那些真正在做贡献却很少得到认可的人。

◉ 最重要的是要知道人们的名字。从字面意思上看，认可的意思就是重新了解。当你被认可，人们就会了解、看重你的个人行为或贡献。你在给自己扬名。

◉ 馈赠礼物是一种具体的给予认可的方式。礼物只是一种象征，就像士兵的勋章，它象征着所做一切的价值。礼物可以有很多形式。我们应该投入时间去思考，以确保它是合适的。

如果我们的努力得到充分的赞赏，我们中的任何人都会提出更多更好的想法。

——亚历山大·奥斯本（Alexander F.Osborn）